I0122657

# Deportaciones por Dinero

*El Secreto del Gobierno Americano*
*Que Está Detrás de las Deportaciones Masivas*

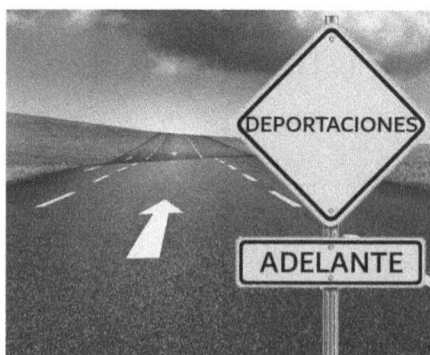

# Deportaciones por Dinero

*El Secreto del Gobierno Americano*
*Que Está Detrás de las Deportaciones Masivas*

**Francisco J. O'Meany**

Netequal Technology Solutions
2018

Copyright © 2018 por Francisco J. O'Meany

*Todos los derechos reservados*. Este libro o alguna parte de él no puede ser reproducido o usado de ninguna manera sin el expreso consentimiento por escrito del editor, excepto por el uso de breves citas en un reseño del libro o en una revista académica.

Primera edición: 2018

ISBN 978-0-9998664-1-2

Netequal Technology Solutions
P.O. Box 7122
Stockton, CA 95217-0122

www.DeportacionesPorDinero.com

Información para ordenar:

Descuentos especiales están disponibles en ordenes por cantidad hechas por corporaciones, asociaciones, educadores y otros.  Para más detalles póngase en contacto con el editor a la dirección proveída anteriormente.

Librerías Estadounidenses y mayoristas: Por favor contacte a Netequal Technology Solutions al teléfono (925) 478-6150 o al correo electrónico: Admin@DeportacionesPorDinero.com

# Dedicación

*Este libro es dedicado a mi madre Connie, mi padre Tommy (q.e.p.d.), mi esposa Alba, mis hijos Jacqueline, Sergio, Tommy, Francisco, Carolina y a mis hermanos Yuri y esposa Haydee, Tommy y esposa Noelia, Juan y esposa Marina.*

*A los hijos e hijas de padres deportados.*

*A padres y madres de hijos deportados.*

*A las familias enteras que han perdido a sus parientes, amgos y pertenencias que habian acumulado despúes de vivir más de 25 años en los Estados Unidos y que ahora viven en peligro y en la pobreza.*

*!Dios los bendiga a todos!*

*Gracias a todos por su apoyo y paciencia.*

# Contenido

Reconocimientos ........................................................................ ix

Prefacio ...................................................................................... xi

Introducción ................................................................................ 1

Capítulo 1: La Tierra Del Liberado ........................................... 4

Capítulo 2: *No* Todos Son Creados Iguales ............................ 6

Capítulo 3: Un Tiro De Doble Vía.............................................. 9

Capítulo 4: Sigue El Dinero .......................................................14

Capítulo 5: El Programa De Los Braceros............................... 22

Capítulo 6: TPS, DACA, DAPA .................................................. 29

Capítulo 7: Sopa De "Programas Temporales" ....................... 32

Capítulo 8: 12.5 Millones De Deportaciones ..........................38

Capítulo 9: El Seguro Social Se Queda Sin Dinero.............. 41

Capítulo 10: Separación Familiar............................................. 44

Índice ......................................................................................... 50

Referencias ............................................................................... 53

# Reconocimientos

No hubiera podido escribir este libro sin el apoyo de mi familia y por las observaciones de mi hermano Juan así también como su insistencia en que investigara más a fondo la agenda y crueldad del gobierno de los Estados Unidos en contra de los inmigrantes. Todos somos afectados de una u otra manera por la separación de las familias inmigrantes y por las deportaciones ejecutados por el gobierno estadounidense y su administración imperialista.

Gracias por su guía y paciencia.

# Prefacio

El 6 de noviembre de 1986, el presidente Ronald Reagan firmó la ley llamada Acta de Control de Inmigración y Reforma (Acta para el Control y Reforma de Inmigración 1986 (IRCA), 2016) también conocida como el acta Simpson-Mazzoli, la cual reformó la ley de Inmigración y Naturalización de los Estados Unidos de América. La intención de esta ley era la de legalizar aproximadamente cuatro millones de inmigrantes ilegales que residían en el país, pero el Servicio de Inmigración y Naturalización (INS por sus siglas en inglés) calculaba que solamente la mitad de esos inmigrantes podrían calificar.

La ley requería que los inmigrantes ilegales debían haber entrado a los Estados Unidos antes del 1° de enero de 1982 y debían haber residido continuamente en el país desde esa fecha. Los candidatos que calificaran deberían de poseer un conocimiento mínimo sobre la historia de los Estados Unidos y hablar un poco de inglés.

La ley también hizo que fuera ilegal el contratar o reclutar a inmigrantes ilegales y requería que los empleadores debían de verificar el estado migratorio de sus empleados. Por otro lado, legalizó a algunos trabajadores del campo que fueran temporarios.

Después que esta ley fue aprobada, millones de individuos atravesaron la frontera de México a Estados Unidos buscando el beneficio de la ley, mientras que otros esperaban o especulaban que una ley similar podría ser creada para el resto de inmigrantes indocumentados que no calificaban para esta ley.

Desde 1987 hasta la década de 1990, a millones más de inmigrantes indocumentados les fue "permitido" entrar al país ilegalmente porque había necesidad de mano de obra barata en múltiples industrias a lo largo y ancho de los Estados Unidos de América.

En violación de leyes nacionales e internacionales, el gobierno de los Estados Unidos está deportando inmigrantes indocumentados de regreso a México y Centroamérica, donde están siendo asesinados a su llegada. Honduras tiene el porcentaje más alto de asesinatos en el mundo, hubieron 90.4 homicidios por cada 100,000 habitantes en el año 2012, de acuerdo a un reporte de la Oficina de Drogas y Crimen de las Naciones Unidas (Oficina de las Naciones Unidas para las Drogas y el Crimen, 2017).

Inmigrantes indocumentados están siendo regresados al peligro que reina en México y Centroamérica en contraste de la retórica alrededor de la inmigración en los Estados Unidos, la cual es una batalla política entre los Demócratas y Republicanos.

El porcentaje de homicidios a través de toda Centroamérica se ha incrementado en cinco de ocho países, el porcentaje de homicidios en Honduras se ha duplicado y México ha visto un incremento del 60% en crimines, también en Jamaica, Trinidad y Tobago y la República Dominicana el porcentaje de crimines ha aumentado.

El gobierno de los Estados Unidos quiere deportar a más de 12 millones de inmigrantes y construir una muralla en la franja fronteriza con México, creyendo que esto detendrá y curará todos los problemas de inmigración ilegal en el país.

Por otro lado, legalizar a 12 millones de personas cuesta dinero, mucho dinero. Pero deportando a toda esta gente, el gobierno de los Estados Unidos haría una tonelada de dinero, mientras que legalizándolos produciría una responsabilidad tributaria inmensa porque estas personas han estado viviendo y trabajando en los Estados Unidos por más de dos décadas y han contribuido una enorme cantidad de dinero al fondo de Seguridad Social (Social Security Trust Fund) y al programa de Medicare, muchos de ellos están cerca de la edad de retiro y listos para colectar sus beneficios, entonces, la meta del gobierno de los Estados Unidos es deportarlos antes de que lleguen a la edad de retiro y reclamen sus beneficios. Un gran número de estos inmigrantes han hecho grandes inversiones tales como compra de casas, negocios, compra en la bolsa de valores, etc. Personas que viven en los Estados Unidos no necesitan tener un estado de inmigración legal para poder crear un negocio, ya que muchos de estos nuevos negocios crean nuevos empleos porque son normalmente establecidos en la industria de servicios tales como restaurantes, servicios de casa, construcción, etc.

El 20 de noviembre de 2014, el secretario del Departamento de Seguridad del país (DHS por sus siglas en inglés) Jeh Charles Johnson presentó un nuevo memorándum sobre las "Políticas de Aprensión, Detención y Deportación de Inmigrantes Indocumentados" (Políticas de Aprensión, Detención y Deportación de Inmigrantes Indocumentados, 2014). Este memorándum señalaba los casos de deportación que eran una prioridad para el Departamento de Seguridad del país como dice a continuación:

a. *Prioridad 1, amenaza a la seguridad nacional, seguridad en las fronteras y seguridad pública*
b. *Prioridad 2, faltas a la ley y nuevos violadores migratorios*
c. *Prioridad 3, otros violadores migratorios tales como a los que se les ha emitido un orden final de deportación a partir del 1° de enero de 2014.*

El memorándum agrega que, generalmente inmigrantes ilegales deben de ser deportados a menos que califiquen por asilo político o alguna otra forma de alivio migratorio bajo la ley, a menos que, por el juicio personal de un oficial de inmigración la persona ilegal no sea una amenaza a la integridad del sistema de inmigración, o existen factores que sugieren que la personal ilegal no es una prioridad para aplicar la ley.

Por otro lado, personas que están bajo el Estado de Protección Temporaria (conocido como TPS) y la Acción Diferida de Menores que Arribaron al país (conocido como DACA) están expuestos a la deportación o están siendo deportados porque ellos también han estado viviendo y trabajando en los Estados Unidos por más de dos décadas y han contribuido al fondo de Seguridad Social y al programa de Medicare, lo que significa que es tiempo de deportación en el libro del Tío Sam.

# Introducción

Talvez Usted está un poco sorprendido del porqué el Congreso de los Estados Unidos de América no ha pasado una ley de inmigración que fuera comprensiva, bipartidista y que beneficiara a todos los norteamericanos así también como a los millones de individuos indocumentados que están viviendo y trabajando arduamente en los Estados Unidos.

Este libro provee algo de historia, realidades y estadísticas obtenidas de muchas agencias del gobierno de los Estados Unidos de América y compiladas en gráficos y tablas para leer de una manera simple y sencilla

Es entendible que la mayoría de Americanos nacidos en Norte América no saben mucho sobre las leyes de inmigración y lo costoso que es para inmigrar y vivir legalmente en los Estados Unidos de América. Este mal entendimiento y la falta de conocimiento es una oportunidad para los políticos y los individuos con influencia en el poder para culpar a los inmigrantes por cualquier razón que podrían afectar sus propios intereses.

Cuando la economía va para el suelo, los inmigrantes son culpables; si la seguridad del país está en peligro, los inmigrantes son culpables; si hay demasiados huracanes en la temporada, los inmigrantes son culpables; si los Republicanos están perdiendo las elecciones, los inmigrantes son culpables; si el presidente tiene diarrea, los inmigrantes son culpables, y por cualquier inimaginable circunstancia, los inmigrantes van a ser culpables siempre.

El exceso y la avaricia corren salvajemente a la par de la corrupción en Wall Street (a como es llamada la Bolsa de Valores en Nueva York) tal como bonos chatarras y rescates financieros, y esto no tiene que ver del todo con inmigración; terroristas domésticos (incluyendo a los terroristas en Washington D. C.) no tienen nada que ver con inmigrantes, en realidad hay más ataques terroristas sangrientos en los Estados Unidos de América, tal como el bombazo ocurrido en Oklahoma y ejecutado por Timothy McVeigh (un Americano), que ataques extranjeros perpetrados por un inmigrante, 99% de este tipo de ataques son planeados y ejecutados por ciudadanos norteamericanos.

Deportaciones por Dinero

Desastres naturales acontecen, y también ellos no tienen nada que ver con inmigrantes, pero si el presidente se enferma de diarrea porque se comió una caja entera de pollo del Kentucky Fried Chicken con papas fritas y una hamburguesa con queso, entonces es la oportunidad de culpar a los inmigrantes por trabajar muy duro en restaurantes de comida chatarra.

Cada vez que el gobierno de los Estados Unidos de América se ve involucrado en escándalos políticos, siempre trata de desviar la atención del público norteamericano para llamar a los inmigrantes ladrones, violadores y terroristas. Sin embargo, yo he visto muchísimos manipuladores financieros (alias ladrones) en Wall Street y a un gran número de violadores y terroristas (alias políticos) en Washington DC y no he visto a nadie que les diga un mal nombre.

Una gran mayoría de inmigrantes que están siendo deportados son individuos entre los 50 y 60 años de edad quienes han vivido y trabajado en los Estados Unidos de América por más de 25 años. El gobierno de los Estados Unidos ha conocidos por décadas el paradero de estas personas, pero ellos han esperado hasta ahora para aplicar la ley de procedimiento de deportación.

El impacto económico que estos individuos hacen a la economía de los Estados Unidos es enorme y sería grandemente afectada cuando las contribuciones al Seguro Social y Medicare de repente se detengan. Pero la decisión de deportar a toda esta gente es puramente política e imperialista en vez de sea de razón económica.

Durante la Gran Depresión de los años 1930 (entre 1929 y 1934) la economía de los Estados Unidos de América estaba por el suelo. El pueblo americano estaba sufriendo y culpando al gobierno por la crisis económica y el caos, en respuesta el gobierno de los Estados Unidos de América forzosamente deportó a más de 500,000 mexicanos y México-Americanos de regreso a México, era una tercera parte de la fuerza laboral mexicana en aquel tiempo, reclamando que la competencia de empleos era la causa de la depresión económica y que una vez que estos individuos fueran deportados, la economía y la creación de empleos iba a florecer. Nada de las promesas del gobierno se hicieron realidad. Fue una época de desesperación y racismo.

Nada trabajó, ningún grupo de trabajadores americanos se benefició de la masiva repatriación de uno de cada tres Mexicanos, los americanos no pudieron llenar los puestos de trabajo dejados por los Mexicanos porque les hacía falta experiencia y conocimiento de los puestos de trabajo que fueron arrebatados a los repatriados, eso probó que los inmigrantes no era la causa de la crisis económica, al contrario, centenares de negocios pequeños y medianos tuvieron que cerrar porque no podían encontrar a trabajadores calificados para contratarlos, eso agudizó la crisis económica.

Talvez algún día, como ciudadanos americanos, reconozcamos que en un tiempo atrás nuestros ancestros fueron inmigrantes y que deberíamos de estar orgullosos de cómo los Estados Unidos de América ha crecido y se ha posicionado como líder en el mundo porque nuestros ancestros inmigrantes trabajaron bien duro para darnos la libertad y los beneficios que todos gozamos hoy día.

## Capítulo 1: La Tierra Del Liberado

Francis Scott Key, un abogado y poeta amateur de 35 años, escribió la letra de lo que hoy llamamos el "Himno Nacional de Estados Unidos" ("The Star-Spangled Banner") en septiembre del año de 1814, en ese tiempo Scott Key era dueño de esclavos negros que trabajaban para él y sus plantaciones en Maryland.

La canción de Scott Key se popularizó instantáneamente y él se convirtió en una de las primeras celebridades in la vida americana, era conocido desde Maine hasta Mississippi. La fama que obtuvo Key por el himno le ayudó a construir una fascinante carrera en leyes, a crear conexiones políticas y a construir una práctica de leyes en Washington.

Key se convirtió en fiscal en 1833 cuando la ciudad de Washington tenía cerca de 12,000 residentes negros, más de la mitad eran libres legalmente. Una influencia de negros libres que escapaban de la esclavitud en Virginia había transformado la ciudad y su fuerza laboral.

El número de blancos en Washington que traficaban esclavos estaba creciendo y con la apertura de las fronteras del sur y oeste para el cultivo del algodón les daba la oportunidad a terratenientes para contratar con agentes para que les enviaran esclavos y negros bien fornidos para forzarlos a trabajo muy duro. Las familias blancas en la parte alta del sur del país que tenían negros como propiedad se dieron cuenta que los podían vender a un precio más alto, especialmente esclavos jóvenes y saludables.

La compra y venta de negros en Washington era un negocio respetable en aquel tiempo cuando la élite de los dueños de negros tenía una mayoría sólida en el Congreso, y cuando el actual presidente Andrew Jackson era un excelente socio y cómplice, bajo la ley.

Lo que Francis Scott Key debía de haber propiamente escrito en vez de la línea "… y la tierra del liberado" hubiera sido "… y la tierra de la que nos hemos adueñado". Usted talvez sabe que el resto del mundo llama burlescamente a los Estados Unidos "Esclavos Unidos de América", y yo creo verdaderamente en ese nombre porque la esclavitud todavía existe, pero a un nivel diferente y con gente diferente, pero con los mismos resultados.

Nosotros como civilización hemos hecho grandes avances en tecnología en los últimos cinco mil años, pero nuestro comportamiento como seres humanos no ha cambiado del todo, estamos constantemente destruyéndonos y destruyendo nuestro medio ambiente.

Como norteamericanos, no podemos llamarnos "La Gran América", cuando tenemos un Congreso con una bola de políticos ineptos en Washington D.C. que están peleando por sus propias metas políticas y sus propios beneficios económicos cuando el país necesita mucha más atención a prioridades tales como educación, desarrollo de empleos, salud e inmigración.

La compra y venta de humanos y políticos en Washington continúa siendo un gran negocio, talvez un negocio más productivo de lo que era en 1833, pero con un sistema más sofisticado para controlar a todos y con socios más ávaros, esto es lo que el gobierno de los Estados Unidos de América llama "Esclavitud Moderna".

De acuerdo a la Organización Internacional del Trabajo (ONU Organización Internacional del Trabajo, 2016), estima que en el año 2016 más de 40 millones de personas eran víctimas de la esclavitud moderna, y que uno de cada cuatro eran niños.

Es extremadamente difícil saber con exactitud cuántas personas están viviendo bajo la esclavitud moderna, una de las razones es que la esclavitud moderna es un crimen escondido muy difícil de identificar. Otra razón es que hay muchas organizaciones que proveen estudios en los cuales incluyen matrimonios a la fuerza y los identifican como esclavitud moderna, mientras que otros no lo hacen así. Casi todas estas organizaciones excluyen la inmigración ilegal como esclavitud moderna, pero muchísimos países siguen el ejemplo de los Estados Unidos de América y usan a personas que salen de sus países por razones de pobreza, guerra, persecución, etc., para explotarlas sexualmente y usarlas en mano de obra barata.

La esclavitud moderna es a veces fabricada por países ricos cuando necesitan mano de obra barata, estos países usualmente crean conflictos de guerra o imponen sanciones económicas en determinados países. Un ejemplo de esto es la guerra en Somalia, 100,000 somalíes fueron aceptados para vivir y trabajar en los Estados Unidos de América, hoy día miles están siendo deportados.

# Capítulo 2: *No* Todos Son Creados Iguales

Por mucho tiempo creí que en realidad en los Estados Unidos de América todos eran creado con igualdad, hasta cuando vi una vasta diversidad y una enorme desigualdad creada por el propio gobierno.

La declaración de independencia de los Estados Unidos de América contiene las palabras "todos los hombres son creados iguales" ("all men are created equal" en inglés), y fueron escritas por Thomas Jefferson quien poseía como 200 esclavos negros en ese tiempo y nunca los liberó, ¿por qué? Simplemente porque él era el dueño y poco le importaba la igualdad.

Las palabras que Jefferson escribió no se referían a esclavos de raza negra porque estos eran considerados una propiedad, no hombres o mujeres, y no tenían lugar en la sociedad americana en aquel tiempo.

Igualdad para los americanos es una palabra que ha sido interpretada de manera diferente desde la fundación del país. Para Jefferson y para nuestros padres fundadores del país, la frase "todos los hombres son creados iguales" realmente significa que "todos los blancos, libres, dueños de propiedades son creados igualmente", las mujeres no lo son.

Igual e Igualdad son palabras que desde el punto de vista de los americanos ha constantemente cambiado su definición, hasta el mismo Jefferson tenía la definición que "la gente merece igual tratamiento bajo la ley", mientras que la noción de los americanos de la igualdad legal no tiene mucha distinción. En realidad, como Martin Luther King Jr., dijo que la igualdad era todavía un sueño.

Inmigrantes legales e ilegales en los Estados Unidos de América no han sido tratados con igualdad porque el espíritu de la declaración de independencia no los menciona y eso es absolutamente legal "... bajo la ley".

Thomas Jefferson y George Mason también incorporaron el concepto de vida, libertad y la búsqueda de la felicidad, pero este concepto no se aplica a todos los hombres porque ellos pensaban en los blancos, los libres, etc. Algunas veces pienso si en realidad ellos era ciudadanos americanos.

George Mason no quiso firmar la constitución porque él se basaba en sus propios principios y no creía que la constitución establecería un gobierno justo y sabio, pero si creía que una declaración de derechos era mandatorio. Él también tenía otras preocupaciones, el creía que el convenio que se le daba al poder ejecutivo (al presidente) tenía demasiado poder. Las otras dos personas que tampoco firmaron la constitución fueron Elbridge Gerry y Edmond Randolph quién tenía miedo de asociarte a algo que podría fracasar. Para George Mason, el siempre discutió que el poder ejecutivo debía de estar formado por tres personas, para él la presidencia de una sola persona estaba muy cerca de formarse en una monarquía, por la cual habían peleado una guerra y habían escapado.

En nuestro tiempo la desigualdad es obvia, el poder del hombre sobre la mujer en todos los niveles, personas ricas y corporaciones haciéndose más ricas a costillas de los pobres, gente de negocios tomando ventaja de inmigrantes ilegales, prisiones estatales abusando de los prisioneros, incluso hasta el presidente puede, a través de una red de televisión o el Internet, insular vulgarmente a las mujeres, a colegas, empleados, personal militar y a cualquier otro individuo. Esto es lo tanto que *nuestra igualdad* ha avanzado.

La decadencia del Imperio Romano comenzó con desigualdades sociales y de ingreso, es por eso que nuestros padres fundadores trataron de evadir eso y fue cuando Thomas Jefferson hizo un énfasis en igualdad de que todos son creados iguales. Pero lo que vemos en el imperio de los Estados Unidos de América es que el 1% de su población controla más del 40% de la riqueza, en comparación, antes de la caída del Imperio Romano el 1% de su población controlaba un poco más del 16% de su riqueza.

El Imperio Romano fue básicamente fundado sobre una desigualdad social. En esencia, la sociedad Romana, por lo menos la gente libre, era fundamentalmente dividida entre patricios y plebeyos. La clase dominante tendía a quedarse con toda la riqueza y forzaba a sus esclavos a hacer el trabajo típico de la clase media. Es evidente que el imperio de los Estados Unidos de América hace lo mismo con la clase inmigrante trabajadora y es inquietante ver el incremento del racismo en contra de gente que no es blanca. ¿Estamos en una decadencia incontenible? ¡Te lo apuesto!

Insurrecciones y revoluciones son pueblos que tratan de liberarse de la fuerza y el poder, el problema con estos eventos es que son seres humanos que están tratando de ser mejores seres humanos, pero desgraciadamente se corrompen en el proceso.

En los últimos 250 años, desde la revolución americana, rusa, mexicana, cubana, iraní y nicaragüense, no hemos visto un cambio en igualdad, todo lo contrario, el abismo entre el rico y el pobre son aún más amplios hoy de lo que eran hace un cuarto de milenio. La opresión que estos gobiernos ejercen en contra del pueblo demuestra que tan bajo en igualdad y derechos humanos hemos llegado.

# Capítulo 3: Un Tiro De Doble Vía

La mayoría de americanos no saben del costo y esfuerzo que toma el solicitar una visa de visitante a los Estados Unidos de América y lo difícil que es el calificar para una, esto se debe a que en casi todos los países del mundo los americanos no necesitan solicitar una visa de visitante cuando quieren viajar a cualquiera de esos países. Las embajadas de los Estados Unidos de América en casi todo el mundo cobran entre US$150 y US$200 dólares americanos por solicitante, y si la visa es negada, los solicitantes deben de esperarse entre 3 y 6 meses para volver a solicitarla y pagar de nuevo, este proceso le toma al aplicante muchos años de espera sin obtener la visa.

Al final de este infructuoso esfuerzo, la mayoría de solicitantes deciden tomar un camino diferente y colarse para entrar a los Estados Unidos de América buscando un "coyote" u otra persona que sepa cómo ayudarle para llegar ahí, por supuesto que por un precio alto. Una vez ahí buscar el "Sueño Americano".

Una vez en América, el "Sueño Americano" se convierte en una pesadilla porque no hay manera de conseguir un buen trabajo con un salario decente para vivir, pagar la renta, comida, ayuda a la familia que dejaron atrás y talvez ahorrar un poco de dinero para cualquier eventualidad, tal como una deportación.

No hay manera que los inmigrantes ilegales puedan obtener beneficios del gobierno americano porque no poseen la documentación adecuada y no tienen la más importante "Herramienta de control": un número de Seguro Social, pero el gobierno de los Estados Unidos quiere hacernos creer que ellos gastan una cantidad enorme de ayuda y beneficios para los inmigrantes ilegales, me gustaría saber cómo, y si lo hacen ¡que me enseñen ese dinero!

Más del 97% de inmigrantes ilegales no reciben beneficios del gobierno americano, como ellos dicen, sino que trabajan ilegalmente para sobrevivir y pagar los impuestos al Tío Sam.

Una vez que ha contribuido al sistema pagando impuestos y los impuestos del Seguro Social por el período de 10 a 25 años, éstos son deportados sin llevarse nada de lo que han acumulado en ese tiempo, tales como cosas personales, propiedades, automóviles, dinero en efectivo, etc., todo eso se les es arrebatado (robado o confiscado bajo la ley) sin ninguna advertencia y sin la oportunidad de recuperar sus pertenencias en un futuro.

Los inmigrantes que llegan a los Estados Unidos de América, pagan por entrar y pagan por salir del país. Lo que es bastante interesante es que el gobierno descubre que están ilegales hasta los 15 ó 25 años después, cuando ellos han contribuido suficiente al sistema, entonces es cuando el gobierno de los Estados Unidos de América los declara ilegales, los deporta y se queda con el dinero que la pobre gente ha pagado en beneficios al fondo del Seguro Social, al hacer esto, el gobierno se quita la responsabilidad de proveer los beneficios para estos individuos cuando ellos lleguen a su edad de retiro. ¡Clase de negocio! ¡Ya me está empezando a gustar el negocito! Es como tener empleados con cuentas de retiro, correrlos del trabajo 25 años después y quedarse sinvergüenzamente con el dinero de sus cuentas de retiro. Ay, Ay, ¡Ay!

Pero, talvez Usted se estará preguntando "¿cómo es que ellos trabajan si están ilegales?" o "¿cómo pagan impuestos y contribuyen al fondo del Seguro Social?", bueno, la respuesta es bien sencilla: el gobierno de los Estados Unidos de América les provee las herramientas para hacerlo con un Número Individual de Identificación de Contribuyente ITIN (Número de Identificación de Contribuyente Individual, 2017) para que ellos puedan reportar sus ingresos, pagar sus impuestos y contribuir al fondo del Seguro Social, porque si no lo hacen es un crimen. Entonces ahora, el Tío Sam sabe dónde están, cuántos son y cuánto tiempo han vivido y trabajado en los Estados Unidos. ¡Brillante! ¿no creen? Pero hay algunas restricciones y contradicciones de parte del gobierno que les permite quedarse con más dinero porque el número de ITIN: (a) No les autoriza trabajar en los Estados Unidos, (b) No les da elegibilidad para los beneficios del Seguro Social (pero los ilegales pagan impuestos de Seguro Social y Medicare), (c) Un dependiente no califica para el crédito del Impuesto por Ingreso Obtenido. Todo bajo el respeto de la ley. ¡Fantástico! ¿No creen? Recuerden: *No* todos son creados iguales.

Si la inmigración ilegal es un crimen, ¿por qué el gobierno les da un "número chueco" para que reporten sus impuestos? Esto es exactamente una de las principales razones porque el gobierno de los Estados Unidos no está interesado en legalizar o crear una ley de inmigración justa para regularizar el estado migratorio de todas estas personas, pero,

¿desde cuándo el gobierno de los Estados Unidos nos ha ayudado o talvez ha ayudado a los inmigrantes ilegales? ¿Recuerdan la famosa frase del presidente John F. Kennedy? "no pregunten por lo que el país puede hacer por Ustedes, pregunten por lo que Ustedes puedan hacer por el país". Mi respuesta sería: "paguen sus impuestos y no esperen ninguna devolución, ¡idiotas!" ¡Ya estoy agarrando el hilo! Todos éstos individuos no pueden votar, pero deben de pagar impuestos, solamente porque están indocumentados. En 1765 James Otis Jr., un político local de Boston, Massachusetts, fue famoso con su frase: "impuestos sin representación en tiranía", y crean me que él estaba en lo correcto porque el gobierno de los Estados Unidos de América estaba haciendo lo mismo que hoy día, sin ningún cambio.

Bajo la ley federal del crimen, es una fechoría si un individuo entra al territorio de los Estados Unidos de América sin la aprobación de un oficial de migración (entrada impropia) y es penado con hasta 6 meses de cárcel y US$250 dólares americanos en multas, pero si un individuo entra al país legalmente con una visa aprobada y por algún motivo se queda en el país después de que su visa se expira (presencia ilegal), no es un crimen, es una violación de la ley federal de inmigración y es castigable con penalidades civiles y no criminales, la penalidad puede ser deportación o ser removido del país de manera voluntaria.

El último reporte del Departamento de Seguridad Nacional (DHS por sus siglas en inglés) estima que hay 11.4 millones de individuos que están ilegales en los Estados Unidos, éste cálculo es el residuo después que los residentes legales nacidos fuera de los Estados Unidos de América y que son conocidos como Residentes Permanentes Legales (LPR por sus siglas en inglés), ciudadanos naturalizados, asilados, refugiados y no inmigrantes es sustraído del total de habitantes nacidos fuera del país (Estimado de la Población de Inmigrantes No-autorizados Residiendo en los Estados Unidos, 2012). Los datos para estimar la población residente legal fueron obtenidos principalmente del Departamento de Seguridad Nacional (DHS), la Encuesta de Comunidad Americana (ACS por sus siglas en inglés) del Buró de Censo de los Estados Unidos fue la fuente del estimado total de los habitantes nacidos fuera de los Estados Unidos. Ellos deberían de preguntarle al

Deportaciones por Dinero

Servicio de Rentas Internas (IRS por sus siglas inglés) por una información más exacta, pero yo no sé si esto sería legal o estaría contemplado bajo la ley federal que ellos mismos crean.

## Población Inmigrante No Autorizada 2000-2012

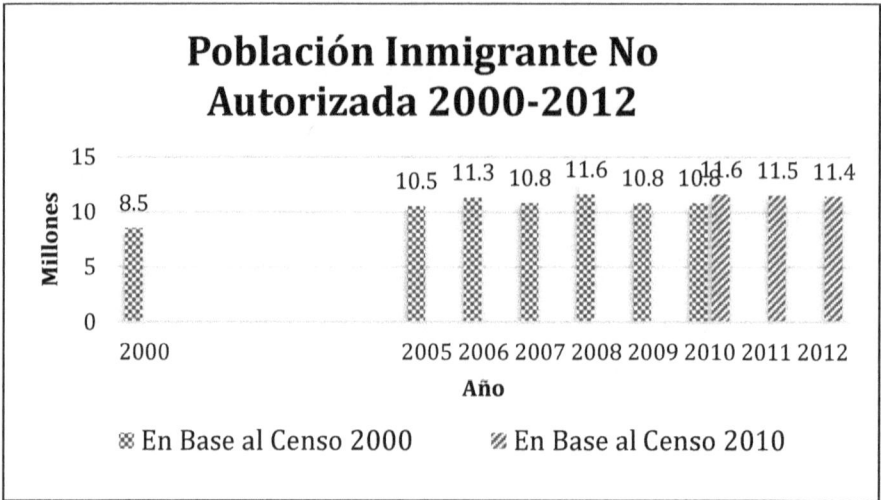

Figura 1

El Departamento de Seguridad Nacional (DHS) no produjo estimados para los años 2001 y 2004.

Asumimos que por lo menos el 90% de la población ilegal en los Estados Unidos está trabajando por un salario mínimo con un pago de US$10 dólares la hora, 12 horas al día y 5 días a la semana. Si el dinero por salario que los inmigrantes ilegales obtienen es ilegal, entonces los impuestos que pagan de ese dinero ilegal deberían de ser ilegales y el gobierno de los Estados Unidos NO debería de estar recibiendo ese dinero, entonces la pregunta es: ¿cuándo ese dinero se convierte en dinero legal? Esto es precisamente lo que el gobierno de los Estados Unidos y la ley federal llama "Lavado de Dinero". Yo no sé, algunas veces me confundo cuando la ley es aplicada a criminales y cuando no lo es, pero no para el gobierno, y esto, ¿hace al gobierno criminal? Talvez depende del lado del que Usted lo vea.

Tenemos que entender que la inmigración legal e ilegal en los Estados Unidos es un negocio, y que siempre lo ha sido, absolutamente nadie en Washington está seriamente interesado en presentar una reforma de inmigración comprensiva y de beneficio para todos los americanos, a menos de que haya negociaciones y dinero involucrado en ellas, o cabilderos de parte de corporaciones que están alimentando a los políticos (dije "alimentando" no "sobornando"), lo cual es una acción legal "...bajo la ley".

# Capítulo 4: Sigue El Dinero

Una de las tácticas más poderosa usada por el gobierno de los Estados Unidos de América cuando investigan algún fraude, tráfico de drogas, políticos corruptos, escándalos de corrupción en la Casa Blanca, etc., es usando el método de "Sigue el dinero", por eso yo aquí voy a usar la misma táctica del gobierno.

Como un ejemplo, la siguiente tabla representa un estimado del salario bruto que una persona devenga, ganando US$10 la hora, por 12 horas al día y 5 días a la semana, devengando US$120 diarios, US$600 por semana y US$2,400 al mes, este es el promedio de ingreso que un inmigrante indocumentado gana, y estoy siendo muy conservador con esta cifra porque casi nadie en los Estados Unidos puede vivir con un salario de US$10 la hora y un empleo únicamente. Entonces, la mayoría tiene un empleo completo de 8 horas al día y uno de medio tiempo de 4 horas al día para completar una jornada de 12 horas al día.

| Salario bruto estimado | Impuestos del Seguro Social & Medicare del empleado * | Impuestos del Seguro Social & Medicare del empleador * | Impuestos anuales del Seguro Social & Medicare | Impuestos anuales Federales y Estatales ** | Impuestos totales pagados en 20 años por empleado y empleador | Impuestos totales pagados en 25 años por empleado y empleador |
|---|---|---|---|---|---|---|
| $2,400.00 | $183.60 | $183.60 | $4,406.40 | $5,760.00 | $88,128.00 | $110,160.00 |

* Diferente tasa se aplica por estos impuestos. La actual tasa de impuesto para el Seguro Social es del 6.2% para el empleador y 6.2% para el empleado, para un total del 12.4%. La actual tasa de impuesto para el programa del Medicare es 1.45% para el empleador y 1.45% para el empleado, para un total del 2.9%. Actualizado por el Servicio de Rentas Internas (IRS por sus siglas en inglés) el 14 de abril de 2017.

** Un promedio del 20%

**Tabla 1**

La tabla anterior incluye los impuestos federales y estatales como referencia solamente ya que el tema principal de este libro es en los impuestos del Seguro Social y Medicare (Tasas de Retención del Seguro Social y Medicare, 2017).

Las personas que trabajan ilegalmente en los Estados Unidos de América han estado viviendo en el país un promedio de entre 10 y 25 años y están siendo el blanco principal para la deportación porque ellos representan una población enorme que ha contribuido con impuestos a los fondos del Seguro Social y Medicare.

Desde el año 2001 las administraciones del gobierno de los Estados Unidos de América han deportado a 6,057,996 personas ilegales, conocidos como removidos, y 22,068,993 en la frontera de México y Estados Unidos, conocidos como regresados (fuente: Departamento de Seguridad Nacional, comunicado de prensa del 30 de diciembre de 2016), (Estadísticas del DHS del Fin del Año, 2016). 81,603 deportados o removidos y 144,516 regresados han sido agregados por el año fiscal del 2017.

Oficiales de inmigración reclaman de que ellos están deportando a individuos que tienen un récord criminal y que representan una amenaza para nuestras comunidades, pero en realidad lo que están haciendo es separando las familias trabajadoras y deportando a personas honradas que trabajan muy duro y nunca han tenido problemas con la justicia. Los oficiales también reclaman que, para proteger al pueblo americano de terroristas potenciales, los inmigrantes ilegales son el blanco principal. Entonces, los modernos "Héroes Americanos" (alias Oficiales de Inmigración) están protegiéndonos de criminales y terroristas que en su libro son inmigrantes ilegales que vienen de México, Haití y Centro América.

Pero esto ya ha pasado anteriormente, ¿recuerdan que no hemos cambiado nada en los últimos cinco mil años? ¿Y qué les pasó a los inmigrantes irlandeses, italianos y alemanes? Esos inmigrantes también fueron tratados como criminales y como un peligro potencial para el pueblo americano.

Bueno, a mí me gustaría ver que esos llamados "Héroes" nos protegieran de los criminales y terroristas que están basados en Washington DC, porque en realidad ellos si tienen un récord muy conocido de actividades ilegales.

Las siguientes tablas presentan el número de deportaciones ejecutadas por las últimas tres administraciones de gobierno de los Estados Unidos de América y publicadas por agencias del gobierno:

# Administración Clinton

## Deportaciones

| Año | Total de Detenciones | Detenciones en la frontera de EEUU-México | Removidos | Regresados | Total de Deportaciones |
|---|---|---|---|---|---|
| 1993 | 1,327,261 | 1,212,886 | 42,542 | 1,243,410 | 1,285,952 |
| 1994 | 1,094,719 | 979,101 | 45,674 | 1,029,107 | 1,074,781 |
| 1995 | 1,394,554 | 1,271,390 | 50,924 | 1,313,764 | 1,364,688 |
| 1996 | 1,649,986 | 1,507,020 | 69,680 | 1,573,428 | 1,643,108 |
| 1997 | 1,536,520 | 1,368,707 | 114,432 | 1,440,684 | 1,555,116 |
| 1998 | 1,679,439 | 1,516,680 | 174,813 | 1,570,127 | 1,744,940 |
| 1999 | 1,714,035 | 1,537,000 | 183,114 | 1,574,863 | 1,757,977 |
| 2000 | 1,814,729 | 1,643,679 | 188,467 | 1,675,876 | 1,864,343 |
| TOTALES | 12,211,243 | 11,036,463 | 869,646 | 11,421,259 | 12,290,905 |

**Deportaciones de la administración Clinton 1**

## Cantidad Estimada de Contribuciones Hechas por Inmigrantes Ilegales

| Año | Removidos [1] | Cantidad Estimada con la que el gobierno se ha quedado | 5% Interés Estimado Anualmente | Cantidad Total con la que el gobierno se ha quedado |
|---|---|---|---|---|
| 1993 | 42,542 | $4,452,105,384 | $222,605,269 | $4,674,710,653 |
| 1994 | 45,674 | $4,779,875,448 | $238,993,772 | $5,018,869,220 |
| 1995 | 50,924 | $5,329,298,448 | $266,464,922 | $5,595,763,370 |
| 1996 | 69,680 | $7,292,151,360 | $364,607,568 | $7,656,758,928 |
| 1997 | 114,432 | $11,975,537,664 | $598,776,883 | $12,574,314,547 |
| 1998 | 174,813 | $18,294,530,076 | $914,726,504 | $19,209,256,580 |
| 1999 | 183,114 | $19,163,246,328 | $958,162,316 | $20,121,408,644 |
| 2000 | 188,467 | $19,723,448,484 | $986,172,424 | $20,709,620,908 |
| TOTALES | 869,646 | $91,010,193,192 | $4,550,509,658 | $95,560,702,850 |

**Recaudación de la administración Clinton 1**

Fuente: (Libro Anual de Estadísticas de Inmigración 2015, 2017) y (Estadísticas del DHS del Fin del Año, 2016)

---

[1] Estos cálculos son hechos considerando que el 75% de inmigrantes deportados han trabajado y vivido en lo Estados Unidos por más de 25 años, y un 25% por más de 20 años.

# Administración Bush

## Deportaciones

| Año | Total de Detenciones | Detenciones en la frontera de EEUU-México | Removidos | Regresados | Total de Deportaciones |
|---|---|---|---|---|---|
| 2001 | 1,387,486 | 1,235,718 | 189,026 | 1,349,371 | 1,538,397 |
| 2002 | 1,062,270 | 929,809 | 165,168 | 1,012,116 | 1,177,284 |
| 2003 | 1,046,422 | 905,065 | 211,098 | 945,294 | 1,156,392 |
| 2004 | 1,264,232 | 1,160,395 | 240,665 | 1,166,576 | 1,407,241 |
| 2005 | 1,291,065 | 1,189,031 | 246,431 | 1,096,920 | 1,343,351 |
| 2006 | 1,206,408 | 1,071,972 | 280,974 | 1,043,381 | 1,324,355 |
| 2007 | 960,673 | 858,638 | 319,382 | 891,390 | 1,210,772 |
| 2008 | 1,043,759 | 705,005 | 359,795 | 811,263 | 1,171,058 |
| TOTALES | 9,262,315 | 8,055,633 | 2,012,539 | 8,316,311 | 10,328,850 |

**Deportaciones de la administración Bush 1**

# Cantidad Estimada de Contribuciones Hechas por Inmigrantes Ilegales

| Año | Removidos [2] | Cantidad Estimada con la que el gobierno se ha quedado | 5% Interés Estimado Anualmente | Cantidad Total con la que el gobierno se ha quedado |
|---|---|---|---|---|
| 2001 | 189,026 | $19,781,948,952 | $989,097,448 | $20,771,046,400 |
| 2002 | 165,168 | $17,285,161,536 | $864,258,077 | $18,149,419,613 |
| 2003 | 211,098 | $22,091,827,896 | $1,104,591,395 | $23,196,419,291 |
| 2004 | 240,665 | $25,186,073,580 | $1,259,303,679 | $26,445,377,259 |
| 2005 | 246,431 | $25,789,497,012 | $1,289,474,851 | $27,078,971,863 |
| 2006 | 280,974 | $29,404,491,048 | $1,470,224,552 | $30,874,715,600 |
| 2007 | 319,382 | $33,423,965,064 | $1,671,198,253 | $35,095,163,317 |
| 2008 | 359,795 | $37,653,266,340 | $1,882,663,317 | $39,535,929,657 |
| TOTALES | 2,012,539 | $210,616,231,428 | $10,530,811,572 | $221,147,043,000 |

**Recaudación de la administración Bush 1**

Fuente: (Libro Anual de Estadísticas de Inmigración 2015, 2017) y (Estadísticas del DHS del Fin del Año, 2016)

---

[2] Estos cálculos son hechos considerando que el 75% de inmigrantes deportados han trabajado y vivido en lo Estados Unidos por más de 25 años, y un 25% por más de 20 años.

# Administración Obama

## Deportaciones

| Año | Total de Detenciones | Detenciones en la frontera de EEUU-México | Removidos | Regresados | Total de Deportaciones |
|---|---|---|---|---|---|
| 2009 | 889,212 | 540,865 | 391,341 | 582,596 | 973,937 |
| 2010 | 796,587 | 447,731 | 381,738 | 474,195 | 855,933 |
| 2011 | 678,606 | 327,577 | 386,020 | 322,098 | 708,118 |
| 2012 | 671,327 | 356,873 | 416,324 | 230,360 | 646,684 |
| 2013 | 662,483 | 414,397 | 434,015 | 178,691 | 612,706 |
| 2014 | 679,996 | 479,371 | 407,075 | 163,245 | 570,320 |
| 2015 | 462,388 | 331,333 | 333,341 | 129,122 | 462,463 |
| 2016 | 530,250 | 408,870 | 344,354 | 106,600 | 450,954 |
| TOTALES | 5,370,849 | 3,307,017 | 3,094,208 | 2,186,907 | 5,281,115 |

Deportaciones de la administración Obama 1

# Cantidad Estimada de Contribuciones Hechas por Inmigrantes Ilegales

| Año | Removidos [3] | Cantidad Estimada con la que el gobierno se ha quedado | 5% Interés Estimado Anualmente | Cantidad Total con la que el gobierno se ha quedado |
|---|---|---|---|---|
| 2009 | 391,341 | $40,954,618,332 | $2,047,730,917 | $43,002,349,249 |
| 2010 | 381,738 | $39,949,645,176 | $1,997,482,259 | $41,947,127,435 |
| 2011 | 386,020 | $40,397,765,040 | $2,019,888,252 | $42,417,653,292 |
| 2012 | 416,324 | $43,569,139,248 | $2,178,456,962 | $45,747,596,210 |
| 2013 | 434,015 | $45,420,537,780 | $2,271,026,889 | $47,691,564,669 |
| 2014 | 407,075 | $42,601,212,900 | $2,130,060,645 | $44,731,273,545 |
| 2015 | 333,341 | $34,884,802,332 | $1,744,240,117 | $36,629,042,449 |
| 2016 | 344,354 | $36,037,334,808 | $1,801,866,740 | $37,839,201,548 |
| TOTALES | 3,094,208 | $323,815,055,616 | $16,190,752,781 | $340,005,808,397 |

Recaudación de la administración Obama 1

Fuente: (Libro Anual de Estadísticas de Inmigración 2015, 2017) y (Estadísticas del DHS del Fin del Año, 2016)

Libro Anual de Estadísticas de Inmigración (DHS, Estadísticas del DHS del Fin del Año, 2015)

---

[3] Estos cálculos son hechos considerando que el 75% de inmigrantes deportados han trabajado y vivido en lo Estados Unidos por más de 25 años, y un 25% por más de 20 años.

# Administración Trump

## Deportaciones

| Año | Total de Detenciones | Detenciones en la frontera de EEUU-México | Removidos | Regresados | Total de Deportaciones |
|---|---|---|---|---|---|
| 2017 | 323,591 | 184,138 | 81,603 | 144,516 | 226,119 |
| TOTALES | 323,591 | 184,138 | 81,603 | 144,516 | 226,119 |

## Cantidad Estimada de Contribuciones Hechas por Inmigrantes Ilegales

| Año | Removidos[4] | Cantidad Estimada con la que el gobierno se ha quedado | 5% Interés Estimado Anualmente | Cantidad Total con la que el gobierno se ha quedado |
|---|---|---|---|---|
| 2017[5] | 81,603 | $8,539,917,156 | $426,995,858 | $8,966,913,014 |
| TOTALES | 81,603 | $8,539,917,156 | $426,995,858 | $8,966,913,014 |

Fuente: (Reporte de Operaciones de Deportación y Ejecución del Año Fiscal, 2017)

## Cantidad de Impuestos Federales y Estatales Pagados por Inmigrantes Ilegales

| Años | Total de Removidos | Promedio de Ingreso Bruto en 20 años | 20% Es la cantidad estimada de impuestos Federales y Estatales |
|---|---|---|---|
| 1993-2017 | 6,057,996 | $290,783,808,000 | $58,156,761,600 |
| | | | |

---

[4] Estos cálculos son hechos considerando que el 75% de inmigrantes deportados han trabajado y vivido en lo Estados Unidos por más de 25 años, y un 25% por más de 20 años.
[5] Basado en un reporte de ICE el 06/12/2017 con números compilados del 20/01/2017 al 30/09/2017, Año Fiscal 2017.

Deportaciones por Dinero

La cantidad estimada con la que el gobierno de los Estados Unidos de América se ha quedado es calculada en base a la Tabla 1 que representa el salario bruto estimado y los impuestos anuales pagados por un inmigrante indocumentado. Estas calculaciones son hechas considerando que el 75% de los inmigrantes deportados han vivido y trabajado en los Estados Unidos por 25 años o más y el 25% lo han hecho por 20 años o más.

Recuerda que entre más tiempo trabajan las personas ilegalmente, más contribuciones hacen al fondo del Seguro Social. También, estas calculaciones fueron hechas para los "Removidos" solamente y no para los "Regresados".

Los oficiales de inmigración definen "Removidos" a las personas que son deportadas voluntaria o involuntariamente, mientras que "Regresados" se refieren a las personas que son del punto de entrada, un aeropuerto o de la frontera.

Cómo un ejemplo, la tabla de Recaudación de la administración Clinton 1 presenta en el año 1993 un total de "Removidos" de 42,542, en la siguiente tabla está el desglose:

| Porcentaje | Removidos | Impuestos pagados de 20 a 25 años [6] | 5% Interés Estimado | Totales |
|---|---|---|---|---|
| 75% | 31,906.5 | $110,160 | $175,741,002 | $3,690,561,042 |
| 25% | 10,635.5 | $ 88,128 | $46,864,267 | $984,149,611 |
| 100% | 42,542.0 | $4,452,105,384 | $222,605,269 | $4,674,710,653 |

[6] Un promedio de los impuestos del Seguro Social y Medicare pagados en ese período.

Por el momento, las administraciones de Clinton, Bush, Obama y Trump han colectado una cantidad estimada en US$665,680,467,262 de contribuciones hechas por inmigrantes ilegales deportados, como pueden ver en la siguiente tabla:

| Administración | Removidos | Totales |
| --- | --- | --- |
| Clinton | 869,646 | $95,560,702,852 |
| Bush | 2,012,539 | $221,147,042,999 |
| Obama | 3,094,208 | $340,005,808,397 |
| Trump | 81,603 | $8,966,913,014 |
| T O T A L E S | 5,976,393 | $665,680,467,262 |

## Capítulo 5: El Programa De Los Braceros

Los trabajadores nacidos fuera de los Estados Unidos de América han sido los grandes contribuyentes a la economía del país, en realidad, los Estados Unidos de América es un país de inmigrantes que vienen de todas partes del mundo a trabajar, hacer dinero y hacer la economía más fuerte, y esto ha pasado por varios siglos.

Millones de europeos inmigrantes, tales como irlandeses, ingleses, alemanes, italianos, rusos, asiáticos y de otros países han llegado a los Estados Unidos de América y su arduo trabajo ha ayudado a la economía del país y a su expansión.

Bajo el Acta de Naturalización de 1790, las fronteras de los Estados Unidos estaban abiertas para todos y no había límite para el número de inmigrantes que podían arribar al país, pero en 1882 el Congreso pasó el Acta de Exclusión China para prevenir el dar trabajo a los inmigrantes chinos.

Después del fin de la guerra entre México y Estados Unidos en 1848, miles de trabajadores inmigrantes provenientes de México empezaron a llegar al país de una manera más fácil que los inmigrantes que llegaban de Europa, porque solamente pasaban la frontera sur y podían encontrar trabajo en minas, agricultura y otras industrias.

En 1924, el gobierno de Estados Unidos creó la Patrulla Fronteriza, por lo cual se les hizo más difícil a los trabajadores mexicanos encontrar trabajo. La primera guerra mundial creó una gran inmigración de trabajadores provenientes de Europa y una mucho más grande de trabajadores provenientes de México, pero cuando la Gran Depresión llegó, los trabajadores mexicanos fueron vistos como una amenaza y fueron usados para justificar la mala economía, hasta el punto que cientos de miles de trabajadores mexicanos fueron deportados, incluyendo ciudadanos americanos. Esta es una práctica que el gobierno de los Estados Unidos de América usa para culpar a los inmigrantes de los fracasos de su mal capitalismo.

La segunda guerra mundial creó otra escasez de trabajos y el gobierno de los Estados Unidos inmediatamente volvió sus ojos a su vecino del sur para traer mano de obra barata, pero esta vez de una manera diferente: "Un programa de trabajadores agrícolas", el cual fue conocido como "El Programa de los Braceros".

Francisco J. O'Meany

El 23 de julio de 1942 el Acuerdo de Trabajo Agrícola Mexicano dio inicio con una Orden Ejecutiva y fue hecha efectiva el 4 de agosto de 1942 para contratar trabajadores provenientes de México. La versión final del acuerdo fue publicada el 26 de abril de 1943 y firmada por representantes de ambos países. Por parte de México, Ernesto Hidalgo, representante del Ministerio de Asuntos Exteriores y Abraham J. Navas, representante del Ministerio del Trabajo. Por parte de los Estados Unidos de América, Joseph F. McGurk, Cónsul de la Embajada de Estados Unidos en México, John O. Walker, asistente administrador de la Administración de Seguridad Agropecuaria del Departamento de Agricultura de los Estados Unidos, y David O. Meeker, asistente de la Oficina de Relaciones Agrícolas de Guerra. El acuerdo fue extendido con el Acuerdo de Trabajo del Migrante de 1951 y fue promulgada como una enmienda al Acta Agrícola de 1949, la cual fue conocida como la Ley Pública 78 por el Congreso de los Estados Unidos quien fijó los parámetros oficiales para el programa hasta su finalización en 1964.

Los trabajadores mexicanos fueron llamados "*Braceros*" porque trabajaban con sus brazos y manos. Durante el mismo período, y tomando ventaja de la mano de obra barata, compañías ferroviarias negociaron un contrato independiente para importar mexicanos hacia los Estados Unidos, principalmente como trabajadores de mantenimiento. Los braceros ayudaron a mantener una producción agrícola sostenida durante la guerra y fueron una fuerza importante en el mantenimiento de líneas ferroviarias para el transporte de mercadería, materiales de guerra y gente.

Casi 5 millones de mexicanos tomaron la ruta hacia los Estados Unidos y entraron al país bajo un contrato de seis o doce meses y fueron asignados a diferentes regiones a través del país. Una vez que el contrato expiraba, cada bracero era requerido a regresar a México y firmar otro contrato para poder regresar a los Estados Unidos a trabajar.

Las estipulaciones generales del contrato eran:

- Los mexicanos que se contrataran para trabajar en los Estados Unidos no pueden enrolarse en ningún servicio militar.

Deportaciones por Dinero

- Los mexicanos que entraran a los Estados Unidos como resultado de este acuerdo no deben de sufrir ningún acto de discriminación de acuerdo a la Orden Ejecutiva No. 8802 emitida por la Casa Blanca el 25 de junio de 1941.

- Los mexicanos que entraran a los Estados Unidos como resultado de este acuerdo deben de tener las garantías de transportación, gastos para su sustento y repatriación establecidos en el Artículo 29 de la Ley del Trabajo Mexicana.

- Los mexicanos que entraran a los Estados Unidos como resultado de este acuerdo no deben de ser empleados para desplazar a otros trabajadores o con el propósito de reducir las tasas de salario previamente establecidas.

Para implementar los principios generales mencionados anteriormente, clausulas especificas fueron establecidas. Éstas incluyen:

Contratos:
a. Los contratos serian hechos entre el empleador y el trabajador bajo la supervisión del gobierno mexicano. (los contratos deben de ser escritos en español).

b. El empleador (la Administración de Seguridad Agrícola) deberá de entrar en contrato con el sub-empleador, con el propósito de observar apropiadamente los principios contenidos en este acuerdo.

Admisión:
a. Las autoridades de salud mexicanas deberán, en el lugar de donde el trabajador viene, de ver que el trabajador llena las condiciones físicas necesarias.

Transportación:

a. Toda la transportación y gastos de sustento del lugar de origen al lugar de destino y su regreso, así como los gastos incurridos en el cumplimiento de cualquier requerimiento de naturaleza migratoria deberán de ser cubiertos por el empleador.

b. Las pertenencias personales de los trabajadores hasta un máximo de 35 kilos por persona, deberán de ser transportados y pagados por el empleador.

c. De acuerdo con la intención del Artículo 29 de Ley Federal del Trabajo Mexicana, se espera que el empleador colectará del sub-empleador, todo o parte del costo acumulado bajo (a) y (b) de transportación.

Salarios y Empleo:

a. (1) Los salarios pagados al trabajador deberán de ser los mismos que se pagan por un trabajo similar a otros trabajadores agrícolas en las regiones de destino respectivas; pero en ningún caso, estos salarios serán menos de 30 centavos por hora (en dólares); la tasa del precio del salario debe de ser una para darle al trabajador la habilidad de ganar un salario predominante.

(2) En base a la previa autorización del gobierno mexicano, los salarios más bajos de los establecidos en la cláusula anterior pueden ser pagados a esos emigrantes admitidos en los Estados Unidos como miembros de la familia del trabajador bajo contrato y quienes, cuando están en el campo, son también capaces de convertirse en trabajadores agrícolas quienes, bajo su condición de edad o sexo, no pueden llevar a cabo la cantidad promedio del trabajo ordinario.

b. El trabajador debe de ser empleado exclusivamente como trabajador agrícola por el cual ha sido comprometido; cualquier cambio del tipo de empleo debe ser hecho con la aprobación expresa del trabajador y con la autoridad del gobierno mexicano.

c. Deberá de ser considerado ilegal cualquier recaudación por concepto de comisión o cualquier otro concepto demandado de los trabajadores.

d. Trabajo para menores de 14 años deberá de ser estrictamente prohibido, y ellos deberán de tener las mismas oportunidades escolares que disfrutan los niños de otros trabajadores agrícolas.

e. Trabajadores que viven en los campos de trabajos migratorios o en cualquier otro lugar de trabajo bajo este acuerdo serán libres de obtener artículos para su consumo personal, o para su familia, dondequiera que sea lo más conveniente para ellos.

f. Las condiciones de vivienda, sanitarias, de servicios médicos que disfrutan los trabajadores admitidos bajo este acuerdo deben de ser idénticas a las que disfrutan otros trabajadores agrícolas en las mismas localidades.

g. Trabajadores admitidos bajo este acuerdo disfrutarán, referente a enfermedades ocupacionales y accidentes, de las mismas garantías que disfrutan otros trabajadores agrícolas bajo la legislación de los Estados Unidos.

h. Los grupos de trabajadores admitidos bajo este acuerdo deben de elegir sus propios representantes para razones de arreglos con el empleador, pero se entiende que todos estos representantes tienen que ser miembros trabajadores del grupo. El consulado mexicano en su respectiva jurisdicción debe de hacer cada esfuerzo para extender toda la protección posible y contestar todas las preguntas que estos trabajadores tenga y que los estén afectando.

i.  Por todo el tiempo que los trabajadores estén desempleados bajo un período igual al 75 por ciento del período (excluyendo los domingos) por el cual los trabajadores han sido contratados deberán recibir una prestación de subsistencia a la tasa de US$3.00 diarios.

j.  Por el restante 25 por ciento del período por el cual los trabajadores han sido contratados durante el cual los trabajadores podrían estar desempleados deberán de recibir una subsistencia en base a lo que está establecido para los trabajadores agrícolas en los Estados Unidos.

k.  Si el costo de vida aumenta, está será objeto de consideración.

l.  El contrato maestro de los trabajadores que es sometido al gobierno mexicano deberá de contener estipulaciones definitivas para computar la subsistencia y pagos bajo este acuerdo.

Fondo de Ahorro:
a.  La agencia respectiva del gobierno de los Estados Unidos será responsable y tener bajo custodia las sumas de dinero contribuidas por los trabajadores mexicanos para la formación de su Fondo de Ahorro Rural, hasta que esas cantidades sean transferidas al Banco Mexicano de Crédito Agrícola, el cual deberá de asumir la responsabilidad por el depósito, por la custodia y por la aplicación, o en la ausencia de estos, por su entrega de regreso.

Este acuerdo fue publicado en una historia del programa de emergencia de suministro de trabajo 1943-47 por Wayne D. Rasmussen (Rasmussen, 1951).

Como dice el viejo proverbio: *"El camino al infierno está construido de buenas intenciones"*, la mayoría de todas estas cláusulas no fueron cumplidas o por lo menos supervisadas por los gobiernos de los

Estados Unidos y México, claramente los gobiernos estaban más preocupados por el resultado económico que este "acuerdo" iba a generar.

El fondo de ahorro desapareció misteriosamente entre el gobierno mexicano y norteamericano. Nadie sabe exactamente cuánto dinero fue deducido de los trabajadores braceros.

Esos arduos trabajadores llegaron a los Estados Unidos de América en los tiempos cuando más se necesitaba su trabajo, siguieron las reglas impuestas en sus contratos e hicieron todo lo que se les pidió, en respuesta a esto fueron abusados y explotados.

La mayoría de esos "braceros" ya han fallecido, pero en el mes de enero del 2001 un grupo de sobrevivientes se presentaron ante la corte federal de San Francisco California y Washington DC para demandar a los dos gobiernos y reclamar que sus fondos fueran regresados. Los dos gobiernos trataron de rechazar la demanda.

El gobierno de los Estados Unidos argumentó que era inmune de las demandas hechas en cortes extranjeras, el gobierno mexicano argumentó que no había documentación que soportara el reclamo de los braceros. ¿Y qué pasó con el "Fondo de Ahorro" que aparece en el contrato? Los dos gobiernos crearon cuentas de banco para transferir esos fondos. El "Fondo de Ahorro" más bien parece una "mordida" otorgada al gobierno mexicano por parte del gobierno norteamericano a cambio de mano de obra barata.

En el año 2005 el gobierno mexicano acordó a pagar, por resolución de la corte, la cantidad de 38,000 pesos mexicano (unos US$3,000 dólares al tipo de cambio actual) a cualquiera que pudiera probar con documentación que él o ella habían trabajados en el programa de los braceros. Nunca mencionaron los intereses ganados en las últimas seis décadas. El acuerdo también decía que la cantidad debía de pagarse en un período de 3 años, o sea como US$86 dólares al mes.

Muchos expertos reclaman que el gobierno mexicano les debe a los braceros entre US$500 millones y US$1 billón de dólares si se incluyen los intereses ganados.

De generación en generación, el gobierno mexicano ha engañado a sus compatriotas, los braceros no fueron la excepción.

# Capítulo 6: TPS, DACA, DAPA

¿Te acuerdas que mencioné anteriormente que la inmigración en los Estados Unidos de América es un negocio? Bueno, también hay otros "negocitos" al lado llamados "programas" y creados por el mismo gobierno de los Estados Unidos para proveer estado de protección temporaria (USCIS, Estado de Protección Temporaria, 2017) a personas en los Estados Unidos y es conocida como TPS por sus siglas en inglés. Este programa fue designado para dar "protección" a individuos por condiciones temporarias en sus países tales como guerras civiles patrocinadas por los Estados Unidos, desastres naturales como huracanes, terremotos o epidemias.

Cuando hay un desastre natural o una desgracia humana en el mundo, siempre hay una oportunidad para el gobierno de los Estados Unidos de América para traer inmigrantes de esas regiones afectadas al país y colocarlos en un estado de "protección temporaria" para que puedan trabajar y contribuir con impuestos al sistema del seguro social. Hay más de 300,000 beneficiarios del programa temporal (TPS) que están en proceso de deportación porque el gobierno norteamericano dice que ya es seguro para regresar a su país de origen, pero en realidad es porque ya han alcanzado el "número mágico": 20 años o más viviendo y trabajando en los Estados Unidos de América y ahora ya califican para otro programa "Procedimiento de Deportación" o "Procedimiento de Remover" como el gobierno de los Estados Unidos le gusta llamarle.

Los Estados Unidos de América es un sistema adicto a la mano de obra barata y su Departamento de Justicia está siempre listo para crear leyes que puedan cubrir está adicción porque hay industrias enteras que dependen de la explotación laborar. Las leyes son escritas casi idénticamente como las que fueron creadas para los *"braceros"*, pero con algunos cambios para acomodar a los nuevos que llegan.

La Acción Diferida para el Arribo de Niños (DHS, Acción Diferida por Arribo de Niños (DACA), 2017) también conocida como el programa de los "Soñadores" fue una política creada por la administración del presidente Obama en junio del año 2012 y que permite a menores que entraron al país ilegalmente y han estado viviendo continuamente

Deportaciones por Dinero

en los Estados Unidos desde el 15 de junio del 2007. La Acción Diferida para Padres de Americanos y Residentes Legales (DAPA por sus siglas en inglés) es un programa que provee un camino legal a personas ilegales que tienen un hijo ciudadano o con residencia legal para ser considerados para la acción diferida. Hay más de 800,000 individuos viviendo y trabajando en los Estados Unidos bajo este programa desde el año 2007 y ya han alcanzado el "número mágico": 10 años o más produciendo ingresos y contribuyendo al fondo del Seguro Social, estos son ya considerados una responsabilidad para el gobierno de los Estados Unidos y ahora califican para el programa de "Procedimiento de Deportación". La siguiente tabla presenta la cantidad estimada que los inmigrantes participantes de DACA y TPS han pagado al Fondo del Seguro Social y Medicare:

| Programa | Calificados para Remover | Impuestos pagados 10 y 20 años [7] | Cantidad con la que se ha quedado el gobierno |
|---|---|---|---|
| TPS | 300,000 | $88,128 | $26,438,400,000 |
| DACA | 800,000 | $44,064 | $35,251,200,000 |
| Totales | 1,100,000 | | $61,689,600,000 |

Aunque estos números parezcan grandes, solamente son una pequeña cantidad generada por esos programas en comparación con la cantidad generada por las deportaciones masivas efectuadas por las administraciones norteamericanas anteriores.

Normalmente, los programas temporarios son creados para proteger a personas de las deportaciones, pero ellas deben de seguir las reglas que usualmente son de volver a solicitar después de un año o dos años para actualizar la base de datos del gobierno de los Estados Unidos con la dirección habitacional y de trabajo, así como número de teléfono y los últimos cambios en la vida de una persona.

Una vez que un programa temporario termina o el gobierno de los Estados Unidos se da cuenta que se ha alcanzado el "número mágico", la "protección temporaria" se convierte en "no protección temporaria"

---

[7] Un promedio de los impuestos del Seguro Social y Medicare pagados en ese período.

y una personal se convierte inmediatamente en un criminal y es un sujeto que califica para el programa de "Procedimiento de Deportación" y la fiesta se acabó.

# Capítulo 7: Sopa De "Programas Temporales"

Hay aproximadamente 185 diferentes tipos de visas en los Estados Unidos las cuales están divididas en dos categorías principales: No-inmigrante Visa para visitas temporarias tales como turismo, trabajo, negocios o para visitas a amigos y familia – y Visa de Inmigrante para personas que planean vivir permanentemente en los Estados Unidos.

La siguiente tabla presenta la lista actual (State, 2017) "Categoría de Visas Temporarias de Trabajo":

| Categoría de Visa | Descripción |
|---|---|
| **H-1B**: Persona en Ocupación Especial | Para trabajar en una ocupación especial. Requiere una educación superior o su equivalente. Incluye modelos de distinguido mérito y habilidad, investigación y desarrollo de gobierno-a-gobierno o proyectos de coproducción administrados por el Departamento de Defensa. |
| **H-1B1**: Tratado de Libre Comercio (FTA) Profesional – Chile, Singapur | Para trabajar en una ocupación especial. Requiere un diploma post-secundario que envuelven por lo menos cuatro años de estudio en el campo de especialización. (Nota: Esta no es una visa basada en solicitud. Para los procedimientos de solicitud, por favor refiérase al sitio Web de la Embajada de Estados Unidos de América en Chile y en la Embajada de Estados Unidos de América en Singapur. |
| **H-2A**: Trabajador Agrícola Temporario | Este programa permite a los empleadores de Estados Unidos de América y a los agentes que llenen requerimientos regulatorios específicos para traer extranjeros a llenar empleos agrícolas temporarios. Un empleador o agente estadounidense de someter la forma I-129, Petición para Trabajador no-inmigrante, de parte de un trabajador prospecto. |

| Categoría de Visa | Descripción |
|---|---|
| **H-2B**: Trabajador No-Agrícola Temporario | Para trabajos no-agrícolas temporarios y de estación. Esta limitado a extranjeros de países designados con excepciones limitadas, si se determina de que esta en el mejor interés para los Estados Unidos de América. |
| **H-3**: Visitante para Entrenarse o para recibir Educación Especial | Para recibir entrenamiento, diferente de graduación médica o académica, que no está disponible en su país de procedencia o en programas de entrenamiento en la educación de niños con inhabilidades mentales, físicas o emocionales. |
| **L**: Transferencia entre Compañía | Para trabajar en una sucursal, oficina principal, afiliada o subsidiada del presente empleador en una capacidad gerencial o ejecutiva, o en una posición que requiere conocimiento especializado. Individuos deben de haber sido empleados por el mismo empleador por un año continúo fuera de EEUU y dentro de los tres años que preceden. |
| **O**: Individuo con Habilidades Extraordinarias o Logros | Para personas con ha habilidades extraordinarias o logros en las ciencias, artes, educación, negocios, deportes o logros y reconocimientos extraordinarios en el campo del cine y la televisión, demostrado elogios nacionales o internacionales, para trabajar en su campo de experiencia. Incluye a personas que proveen servicios esenciales en apoyo de estos individuos. |

| Categoría de Visa | Descripción |
|---|---|
| **P-1**: Atleta Individual o Equipo, o Miembro de un Grupo de Entretenimiento | Para efectuar una competencia atlética específica como un atleta o como un miembro de un grupo de entretenimiento. Requiere un reconocimiento a nivel internacional y de rendimiento sostenido. Incluye a personas que proveen servicios esenciales en apoyo de estos individuos. |
| **P-2**: Artista o Animador (Individual o de Grupo) | Para actuar bajo un programa de intercambio reciproca entre una organización en los Estados Unidos y una organización en otro país. Incluye a personas que proveen servicios esenciales en apoyo de estos individuos. |
| **P-3**: Artista o Animador (Individual o de Grupo) | Para enseñar o conducir bajo un programa que es culturalmente único o una étnica tradicional, folclórica, cultural, musical, teatral o actuación artística o presentación. Incluye a personas que proveen servicios esenciales en apoyo de estos individuos. |
| **Q-1**: Participantes en un Programa de Intercambio Cultural Internacional | Para entrenamiento práctico y de trabajo y para compartir historia, cultura y tradiciones de su país a través de la participación en un programa de intercambio cultural internacional. |

Todas las visas anteriores son temporarias y los trabajadores deben de salir del país cuando la especificada visa expira (USCIS, Trabajadores Temporarios (no-inmigrantes), 2011).

La siguiente tabla presenta los números de contribuciones hechos por estos programas:

Francisco J. O'Meany

| Categoría de Visa | Límite Anual | Máxima Estadía | Promedio |
|---|---|---|---|
| H-1B | 65,000 | 6 años | 65,000 |
| H-2A | Sin Límite * | 3 años | 55,000 |
| H-2B | 66,000 | 3 años | 66,000 |
| TOTALES | | | 186,000 |

* En el año fiscal 2011 55,384 fueron otorgadas.

Como un ejemplo, la siguiente tabal representa un salario bruto estimado para un individuo que gana US$20 dólares la hora, por 8 horas al dia y 5 días a la semana, devengando US$160 al día, US$800 a la semana y US$3,200 al mes, este es el salario promedio de un trabajador temporario no-inmigrante.

| Salario Bruto Estimado | Impuestos del Seguro Social & Medicare del Empleado * | Impuestos del Seguro Social & Medicare del Empleador * | Impuestos Totales Anuales | Cantidad de Impuestos Pagados en 3 años por Empleado y Empleador | Cantidad de Impuestos Pagados en 6 años por Empleado y Empleador |
|---|---|---|---|---|---|
| $3,200.00 | $244.80 | $244.80 | $5,875.20 | $17,625.60 | $35,251.20 |

* Diferentes tasas se aplican por estos impuestos. La tasa actual de impuesto para el Seguro Social es de 6.2% para el empleador y 6.2% para el empleado, o sea 12.4% en total. La tasa actual para el impuesto del Medicare es de 1.45% para el empleador y 1.45% para el empleado, para un total del 2.9%. Actualizado por el Servicio de Rentas Internas (IRS) el 14 de abril de 2017.

Trabajadores temporarios tienen una educación superior o unas habilidades especiales que hace que su salario sea un poco más alto.

La siguiente tabla presenta el promedio de cantidades generadas por trabajadores temporarios en los últimos 10 años y son considerados como una cantidad estimada solamente:

| Categoría de Visa | Promedio de Visas | Beneficios Anualmente | Promedio de 10 años |
|---|---|---|---|
| H-1B | 65,000 | $5,875.20 | $3,818,880,000 |
| H-2A | 55,000 | $5,875.20 | $3,231,360,000 |
| H-2B | 66,000 | $5,875.20 | $3,877,632,000 |
| TOTALS | | | $10,927,872,000 |

Deportaciones por Dinero

El 2 de diciembre de 2017, los Estados Unidos de América anunció que ya no va a participar en el compacto global de migración, diciendo que esto debilita la soberanía nacional. Los Estados Unidos han sido parte de la Declaración de Nueva York por Refugiados y Migrantes desde que fue formada en 2016. El objetivo de la declaración es el de asegurar los derechos de migrantes, ayudarles a reubicarse y proveerles acceso a la educación y trabajos.

El Secretario de Estado Rex Tillerson dijo "Mientras que vamos a continuar involucrados en un número de frentes en las Naciones Unidas, en este caso, simplemente no podemos de buena fe apoyar un proceso que podría debilitar el derecho de soberanía de los Estados Unidos de hacer cumplir nuestras leyes de inmigración y la seguridad de nuestras fronteras. Los Estados Unidos apoya la cooperación internacional sobre los problemas de migración, pero es la responsabilidad primaria de los estados soberanos de asegurar que la migración es segura, ordenada y legal". Yo pienso que ni él cree lo que dijo, o quizás ¡no entiende nada sobre el tema!

La embajadora de los Estados Unidos en la Naciones Unidas, Nikki Haley dijo: "Nuestras decisiones en políticas de inmigración deben siempre de ser hechas por americanos y solamente americanos. Nosotros decidiremos la mejor manera de controlar nuestras fronteras y a *quien* se le será permitido entrar al país".

¡Por supuesto! Ser parte de un grupo supervisado por las Naciones Unidas pone en peligro la agenda interna del gobierno de los Estados Unidos sobre las leyes de inmigración y como son tratadas en los Estados Unidos y cuánto dinero el gobierno de los Estados Unidos está obteniendo del lomo explotado de los inmigrantes ilegales.

En realidad, lo que el gobierno de los Estados Unidos quiere hacer para "reparar" la tan llamada ley de inmigración es el crear "programas temporarios" para que los inmigrantes vengan a trabajar por 3 ó 5 años y después poner a esta gente de regreso a sus países de origen para que soliciten una visa de regreso a los Estados Unidos. El programa les dará a los inmigrantes un permiso para trabajar solamente y no podrán solicitar una visa de residente permanente o cambiar el estatus "temporario" que les fue otorgado, si ellos tratan de cambiar su estatus, serán sujetos a la deportación inmediata porque estarían violando la ley, la ley impuesta por el gobierno.

Si Usted sigue la lógica, el gobierno de los Estados Unidos de América quiere traer inmigrantes a trabajar, explotarlos, hacerlos que paguen impuestos, hacerlos que contribuyan al fondo del Seguro Social y Medicare y 5 años después dejarlos que regresen a su país de origen, limpiar (o robar) todas las contribuciones que hicieron al fondo del Seguro Social para que no tengan derecho de reclamar beneficios y después dejarlos que soliciten otra visa "temporaria" de trabajo para regresar a los Estados Unidos, y si tienen suerte ¡empezar de nuevo otra vez! Eso es lo ellos llaman justicia e igualdad en el país más grande del mundo.

Entonces, "la nueva ley" va a prevenirnos que hayan 12.5 millones de inmigrantes ilegales en el país, para mejor tener 12.5 millones de "trabajadores temporarios" que pueden ser usados, explotados, abusados y después reciclados cada 5 años, y Usted sabe que después de 4 ciclos (20 años) de estar haciendo esto, los inmigrantes no podrán calificar para el trabajo porque talvez van a estar muy viejos de edad para trabajar en la construcción, campos agrícolas, industrias, etc., porque estos trabajos requieren fuerza y habilidad para moverse rápidamente.

Estos "trabajadores temporarios" no tendrán la oportunidad de vivir en los Estados Unidos de América con sus familias y ver que sus hijos obtengan una educación mejor.

Es muy triste ver que todo esto parece más bien una esclavitud moderna que cualquier otra cosa, parece que estamos de regreso en los años 1700s y los Estados Unidos de América ahora se parecen más a los "Esclavos Unidos de América" y mucho más cerca al Imperio Romano.

# Capítulo 8: 12.5 Millones De Deportaciones

Hay 3 "números mágicos" para el gobierno de los Estados Unidos de América cuando considera deportar a alguien que ha estado trabajando y viviendo ilegalmente en el país: 10, 20 y 25, estos son los números de años que una persona ilegal ha estado viviendo y trabajando en los Estados Unidos, si Usted ha llegado a uno de esos números, Usted está en la "lista negra" y probablemente califica para el programa de gobierno "Procedimiento de Deportación".

Si Usted ha vivido y trabajado ilegalmente en los Estados Unidos por 10 años, ha contribuido al fondo del Seguro Social y Medicare aproximadamente US$44,064, por 20 años US$88,128 y por 25 años US$110,160, por lo tanto, Usted representa una obligación para el gobierno de los Estados Unidos y es ahora sujeto para una deportación, una vez que sea deportado la obligación desaparece y su contribución aumenta el fondo del Seguro Social y Medicare

A partir del año 2017, la Federación Americana para la Reforma de Inmigración (FAIR, 2017) estima que el número de inmigrantes ilegales en los Estados Unidos de América es de aproximadamente 12.5 millones.

El gobierno de los Estados Unidos está planeando deportar a todos los 12.5 millones de individuos que están viviendo y trabajando en los Estados Unidos desde 1992 porque estos y han alcanzado la marca de 10, 20 y 25 años o mejor dicho un "número mágico". Por el momento no hemos visto redadas de ilegales conducida por agentes del ICE porque lo más seguro es que están usando la táctica de "los escogidos" que es el deportar a individuos que han pasado la marca de 10 años viviendo ilegalmente en el país y pagando impuestos usando el número temporal ITIN (Número de Identificación de Contribuyente Individual, 2017) proveído por el Servicio de Rentas Internas (IRS). Oficiales de inmigración obtienen la dirección de las viviendas y trabajos de estos individuos lo que los hace un blanco perfecto para la MIGRA.

Desde el año 2017, agentes de Inmigración están deportando un promedio de 500 individuos diariamente. El gobierno de los Estados Unidos ha anunciado que va a incrementar el número de agentes y de jueces de inmigración para acelerar el proceso de deportación.

Si el Congreso de los Estados Unidos aprueba un presupuesto mayor para remediar la inmigración ilegal y para alcanzar la meta de deportar 1,000 ilegales diariamente, esto tomará casi 35 años para completar el trabajo y ya no tendremos inmigrantes ilegales en el país para el año 2052, asumiendo que ya no habrá más ilegales atravesando la frontera o quedándose en el país después que su visa ha expirado, el problema es que para ese tiempo más de 6 millones de individuos habrían ya calificado para los beneficios del Seguro Social por el que ellos han legalmente contribuido y están en el derecho de recibir, es entonces cuando ¡la mierda le va a pegar al abanico!

Ahora bien, si el Congreso de los Estados Unidos rechaza la idea de incrementar el presupuesto para acelerar el proceso de deportación, entonces tomará 70 años para completar el trabajo y ya no tendremos más inmigrantes ilegales para el año 2087 y talvez celebremos el nuevo milenio como el primer país en el mundo sin inmigrantes ilegales en el siglo 22.

Oficiales de inmigración están arrestando más gente que nunca ha cometido ningún crimen, rebalsando las cortes de inmigración que ya están atrasadas con miles de casos. Cada año un gran número de individuos son deportados en ausencia, que quiere decir que no se presentaron en corte y no pudieron deportarlo inmediatamente, pero con más frecuencia oficiales del gobierno tienen las direcciones de los trabajos y viviendas y saben cómo localizarlos.

Usted podría pensar que al deportar a tanta gente contradice el principio de dejar a los ilegales vivir y trabajar en el país porque la inmigración ilegal es un negocio lucrativo en los Estados Unidos y que realmente necesitamos inmigración ilegal para tener mano de obra barata y darle la oportunidad a empleadores para que exploten a los inmigrantes ilegales, el *modus operandi* debe de continuar como siempre porque este es la esclavitud moderna ejecutada con mucha sofisticación.

La siguiente tabla presenta la cantidad de impuestos recaudada por el fondo del Seguro Social y Medicare y que son producidos diario y mensual comparados con la deportación de 500 y 1,000 individuos diariamente:

Deportaciones por Dinero

| Removidos Diariamente | Impuestos Pagados por 20 años [8] | Diariamente | Mensualmente |
|---|---|---|---|
| 500 | $88,128 | $44,064,000 | $1,321,920,000 |
| 1000 | $88,128 | $88,128,000 | $2,643,840,000 |

La prioridad del gobierno de los Estados Unidos para la deportación continúa siendo hacia todas las personas que han alcanzado el "número mágico" de 10, 20 y 25 años de estar ilegal en los Estados Unidos de América.

---

[8] Un promedio de los impuestos del Seguro Social y Medicare pagados en ese período.

# Capítulo 9: Seguro Social Se Queda Sin Dinero

Ha pasado mucho tiempo desde que oí que el fondo del Seguro Social de los Estados Unidos de América se estaba quedando sin dinero y que no habrían fondos para pagar los beneficios después del año 2020, después fue cambiado al año 2040, después fue otra vez cambiado al 2035, entonces me di cuenta que estaba actuando como un estúpido al escuchar a una bola de políticos tratando de desviar la atención del público americano, ahora bien, esto puede cambiar dependiendo de quién está en el poder o quién está corriendo para la presidencia de los Estados Unidos y cuanto quieren mentirle al público.

En realidad, el fondo del Seguro Social de los Estados Unidos tiene US$2.8 trillones de dólares en activos al final del año 2016 (SSA, 2016), del cual la mayoría de ese dinero lo tiene prestado el gobierno de los Estados Unidos de América.

El fondo del Seguro Social es un programa que en contabilidad se le conoce como "Caja Chica" (dinero-adentro/dinero-afuera) que se fue en déficit en el año 2010 cuando los impuestos recaudados fueron cortos por US$37 billones de dólares del total de beneficios pagados a los retirados.

El director de presupuesto del presidente Obama, Jacob Lew, les dijo a los reporteros en una entrevista en el año 2011: "Los beneficios del Seguro Social son auto financiados. Son pagados con los impuestos recaudados de los salarios de los trabajadores y empleadores durante el tiempo de sus carreras. Esos impuestos son colocados en un fondo dedicado a pagar los beneficios que se les deben a los beneficiarios actuales y los del futuro. Aunque el Seguro Social comenzó a recaudar menos impuestos de los que se pagaron en el año 210, el fondo continuará acumulando intereses y crecerá hasta el año 2025, y tendrá recursos adecuados para pagar beneficios completos por los próximos 26 años.

Para ser honesto, el fondo del Seguro Social es nada más que una colección de pagarés (IOU en inglés). El dinero sale para afuera tan pronto llega adentro para pagar cualquier cosa que el gobierno de los Estados Unidos necesite, incluyendo el financiamiento de una guerra.

Muchas veces se ha dicho que el presidente George W. Bush le "prestó" al fondo del Seguro Social US$1.37 trillones de dólares para pagar por la rebaja de impuestos que le dio a los ricos de Estados Unidos y para financiar la guerra en Iraq, pero no podemos probar esto porque no hay transparencia financiera de parte del gobierno de los Estados Unidos.

En un discurso en la Universidad de Virginia del Oeste en Parkersburg en el año 2005, el entonces presidente George W. Bush dijo "En los Estados Unidos mucha gente piensa que hay un fondo fiduciario del Seguro Social, que el gobierno recauda los impuestos salariales y que los guardamos y entonces, cuando se retiran, les regresamos su dinero. Pero esa no es la manera como trabaja, no existe un fondo fiduciario, solamente existen hojas de pagarés que yo he visto personalmente".

El fondo del Seguro Social ha sido un sistema de "Pago a medida que va" por más de 50 años y por ley el Departamento del Tesoro de los Estados Unidos de América es requerido a tomar el remanente que queda y a cambio emitir un pagaré al fondo del Seguro Social que acumule intereses (Social, 1935). No solamente el presidente Bush ha "prestado" dinero del fondo del Seguro Social, todos los presidentes lo han hecho desde que el fondo existe.

Ahora veo con mucha claridad por qué el fondo del Seguro Social se puede quedar sin dinero, en realidad otros países en el mundo siguen el mismo modelo de los Estados Unidos de "prestar" dinero del fondo y pagarlo después, usualmente de 30 a 50 años y dejarle que otras generaciones futuras paguen lo que ellos se han gastado.

Pero, ¡espera un segundo!, si continúan deportando inmigrantes ilegales, el fondo del Seguro Social va a tener más dinero recaudado que beneficios para ser pagados, entonces la Administración del Seguro Social anunció que han incrementado los pagos de beneficios en un 2% a partir de enero del año 2018, el incremento más grande desde el año 2012, y para ajustar el costo de vida, o Ajuste del Costo de Vida (COLA por sus siglas en inglés, y sí que es una cola). La cantidad promedio que un beneficiario del Seguro Social recibe al mes es de US$1,300, entonces el incremento es un gran US$26 al mes, o mejor dicho menos de US$1 al día.

¡Pero espera!, no te vayas a gastar todo el incremento ahorita mismo, porque si la tasa de inflación en los Estados Unidos de América era del 2% en octubre del año 2017 y el ajuste al beneficiario para el año 2018 es del 2%, entonces el cheque del Seguro Social no representa ningún incremento, más bien su poder adquisitivo ha sido reducido.

La siguiente tabla presenta los fondos generados por inmigrantes ilegales que han sido deportados desde 1993 y que el gobierno de los Estados Unidos se ha quedado con esos fondos. El monto total no representa una responsabilidad para el fondo del Seguro Social porque esos fondos ¡NUNCA SERÁN PAGADOS!

| Fuente | Fondos Generados – 1993-2017 |
|---|---|
| Administración Clinton, Bush, Obama and Trump de 1993 a 2017 | $665,680,467,262 |
| Programas TPS, DACA y DAPA | $61,689,600,000 |
| Programas de Trabajadores Temporarios | $10,927,872,000 |
| Deportaciones del 2017 (Asumiendo 500 Deportaciones diario del 1° de octubre al 31 de diciembre del año 2017) | $3,965,760,000 |
| TOTAL | $742,263,699,262 * |

* Este número aumentará cada día a medida que haya más deportaciones.

Visite www.DeportacionesPorDinero.com para un monto actual.

# Capítulo 10: Separación Familiar

En su ávara desesperación, el gobierno de los Estados Unidos de América está indiscriminadamente deportando hombres y mujeres sin la menor consideración de su estado familiar, la gran mayoría de esas personas están casadas con hijos que son ciudadanos norteamericanos. Estas acciones están creando separación familiar y trauma a los niños que todavía no entienden la crueldad y brutalidad del gobierno de los Estados Unidos. En un futuro no muy lejano vamos a ver ciudadanos norteamericanos con padres deportados viviendo en otros países y talvez sin la oportunidad de reunirse nuevamente.

Sin embargo, hay una forma oficial de inmigración disponible para poder regresar a los Estados Unidos después de haber sido deportado (USCIS, Solicitud de Permiso para re-solicitar Admision a Estados Unidos después de ser deportado, 2017). Pero esta forma no es una garantía que a alguien le será permitido entrar a los Estados Unidos después de ser deportado, especialmente cuando la persona representa una responsabilidad para el fondo del Seguro Social porque él o ella han previamente contribuido a ese fondo por un período buen largo, normalmente 25 años.

Pero también, conociendo la reacción de los políticos cuando la idea es de regresarle dinero a alguien, sería ético, moral y honesto regresarle todo o una parte del dinero que el gobierno de los Estados Unidos les ha retenido por contribución al fondo del Seguro Social a los inmigrantes ilegales que está deportando. Pero estoy plenamente seguro que el gobierno preferiría pasar una "nueva ley" que confiscaría ese dinero, de la misma manera que confiscan el dinero y propiedades de los traficantes de drogas.

Hay millones de casos de familias separadas porque miembros de esas familias han sido deportados. Esto es sistemáticamente hecho por el gobierno de los Estados Unidos sin tomar en consideración la ansiedad y sufrimiento que pasa por estas pobres personas, pero para el gobierno, estas personas solamente son números y signos de dólar.

¿Qué le va a pasar a los hijos, madres, padres, primos y a la comunidad entera? El gobierno de los Estados Unidos y su Congreso no tienen ningún tipo de sentimiento o pesar para estas personas, esto es inhumano e insensible hasta el extremo, especialmente por el trauma que les es causado a los niños, que usualmente son ciudadanos americanos que han nacido en los Estados Unidos de América, un gobierno que siempre ha promovido la protección de los inocentes, en este caso de sus propios compatriotas. ¿Será que esto es por el color de su piel? Solamente Dios sabe que tienen dentro de su corazón, si es que tienen uno.

¿Y qué va a pasar con sus casas, hipotecas, autos, préstamos y otras pertenencias personales? El gobierno de los Estados Unidos los confiscaría porque el dinero es la única cosa importante en este caso, y porque el dinero es tan cochino como los que lo persiguen.

Más del 95% de las personas que están siendo deportadas tienen un trabajo estable de tiempo completo, han estado trabajando por más de 15 años y nunca han cometido crimen alguno, su único crimen es el buscar un futuro mejor para sus familias, pero el crimen más importante es el de haber contribuido al fondo del Seguro Social y Medicare por demasiados años.

Pero el odio que vemos en los Estados Unidos en la actualidad ha estado aquí por muchísimo tiempo, desde que los europeos llegaron al territorio de Norte América en los años 1500s a matar a los nativos indios americanos y nativos mexicanos para robarles su tierra y también porque ellos no tenían el color de su piel. ¿Y el día de hoy? No hay ningún cambio.

El gobierno está matando indirectamente a estas personas, ya sea porque están siendo deportados a países infectados pandillas, violencia criminal y traficantes de drogas que no tienen respeto por la vida humana. La mayoría de los inmigrantes deportados no habían regresado a sus países de procedencia por más de 20 ó 30 años y habían vivido en los Estados Unidos desde que estaban muy pequeños.

Para los niños que están siendo técnicamente deportados, porque ellos nacieron en los Estados Unidos y son ciudadanos americanos, es una sentencia de muerte. Estos niños nunca han estado en el país al que han sido deportados, no hablan el idioma y no conocen su cultura. Esto niños también son blanco fácil para pandilleros, traficantes de drogas y criminales. Si no son asesinados, ellos pueden unirse a esos criminales y sus actividades y podrían regresar a los Estados Unidos en cualquier momento, porque ellos son ciudadanos americanos.

Deportaciones por Dinero

Si el gobierno nos da una solución de "curita" en el presente, las consecuencias de estas acciones podrían crear un problema mayor en el futuro. Podríamos estar creando odio en el corazón de estos niños que a la larga nos puede morder las nalgas en un futuro bien corto.

La historia se repite, el filósofo español-americano George Santayana observó que "Esos que no recuerdan el pasado están condenados a repetirlo", en el año de 1980 los Estados Unidos de América vio que había una gran amenaza para el país y decidió invertir grandemente en una guerra civil en El Salvador, miles de refugiados llegaron a los Estados Unidos de América huyendo de la guerra, el gobierno de los Estados Unidos otorgó refugio a todos porque reconocía su participación en esa cruel guerra. Más tarde en ese año una pandilla conocida como la MS-13 (Mara Salvatrucha; también conocida como MS o Mara) fue creada en Los Ángeles, California con miembros procedentes de El Salvador, Honduras y Guatemala.

En la segunda parte de la década de los años 80, la mayoría de esta pandilla (o por lo menos los criminales más peligrosos) fueron deportados a sus países de origen. El Salvador se estaba recuperándose de su guerra civil gracias a los Estados Unidos y la Unión Soviética con una excepcional participación de Cuba. Honduras y Guatemala, como países vecinos, fueron también afectados por esa guerra civil.

Después de crear la guerra en El Salvador donde nadie ganó, solamente El Salvador y los salvadoreños perdieron, así como también que fueron desplazados de su patria, ahora, el gobierno de los Estados Unidos está llenando esos países con las pandillas que fueron creadas en los Estados Unidos, y ahora están siendo deportados de regreso a su país.

Las pandillas ahora están extorsionando a la gente deportada y asesinando a cualquiera que no quiera darles dinero, al mismo tiempo las pandillas están reclutando a los jóvenes a la fuerza y asesinando a los que no quisieran aceptar sus términos.

Ahora, familias enteras acompañadas de jóvenes están llegando a los Estados Unidos buscando seguridad y tratando de salvar sus vidas. Ellos tienen razón de llegar a los Estados Unidos y pedir asilo político o refugio, y debería de ser otorgado, esto es por lo menos que el gobierno de los Estados Unidos debería de hacer por esta pobre gente.

¿Fue este desastre creado por los Estados Unidos de América? Yo creo que sí. El gobierno de los Estados Unidos de América tiene el deber de proteger a toda la gente que fue desplazada por las ambiciones políticas y el control que el Imperio Americano quiere ejercer en el mundo.

Hay millones y millones de casos de familias separadas uno de esos casos es el de Jorge García quién fue traído a los Estados Unidos cuando él tenía 10 años de edad, ahora el jardinero de 39 años de edad que vive en Lincoln Park, Michigan está siendo deportado, su esposa Cindy García, que es ciudadana americana, y sus hijos, una niña de 15 años y un niño de 12 años que también son ciudadanos americanos estaban llorando cerca de la puerta de seguridad del Aeropuerto Metropolitano de Detroit donde Jorge estaba abordando un avión de regreso a su país nativo México.

García vivió y trabajó en los Estados Unidos por 30 años y nunca tuvo problemas con la ley, su único crimen era el estar ilegal en el país, pero el crimen más grande fue el de haber contribuido al fondo del Seguro Social y Medicare por demasiado tiempo… Él ya había alcanzado el "número mágico" y calificaba para el famoso programa del gobierno "Procedimiento de Deportación".

Con casi 25 años de contribuciones, un equivalente de US$110,160.00 en impuestos de Seguro Social y Medicare y aproximadamente US$144,000 en impuestos federales y estatales, García estaba en la "lista negra" y el blanco de los inmigrantes que están siendo deportados. Eso es más de un cuarto de millón de dólares, no tan malo para el gobierno porque García abandonó el país voluntariamente, el gobierno no tuvo que gastar ni un centavo en su deportación.

Este es otro método que oficiales de inmigración (ICE por sus siglas en inglés) están usando para "lavarle el cerebro" a futuros deportados diciéndoles que, si ellos abandonan el país voluntariamente, ellos tienen una gran oportunidad de regresar a los Estados Unidos, lo que es una gran y vil mentira, ellos solamente buscan como evitar el costo de deportación. Al final del año 2017, oficiales de inmigración le dijeron a García que él podía estar con su familia para las fiestas de fin de año, pero que tenía que abandonar el país para el 15 de enero del 2018.

Deportaciones por Dinero

En el verano del año 2017, Liliana Cruz Méndez originaria de El Salvador fue deportada, ella había vivido y trabajado en los Estados Unidos por 11 años y ya había alcanzado el "número mágico" que la hacía calificar para la deportación.

Cruz Méndez tiene dos niños ciudadanos americanos, quienes tuvieron que ser dejados en los Estados Unidos mientras que ella era deportada a su nativo El Salvador. Steve Bermúdez, su hijo de 10 años, les escribió muchas cartas a los oficiales de inmigración rogándoles para que su madre no fuera deportada y que se quedara en el país porque su pequeña hermanita de 4 años la necesitaba.

Una de las cartas que Steve escribió decía: "Por favor no deporten a mi mamá", lo cual no trabajó porque Liliana fue deportada el 14 de junio del 2017. Lo más seguro es que los oficiales de inmigración le respondieron a Steve con el dedo medio.

Con contribuciones de más de US$44,064.00 al fondo del Seguro Social y Medicare y alrededor de US$57,000.00 en impuestos federales y estatales, su tiempo había llegado.

La deportación es una sentencia de muerte para miles de familias, especialmente para niños que son los más vulnerables y son el blanco de padillas criminales, niñas son explotadas sexualmente y prostituidas y asesinadas si no obedecen a las instrucciones de los criminales.

Para el fin del mes de junio del año 2017, más de 22,00 hondureños fueron deportados de regreso a Honduras, entre ellos más de 2,100 eran niños. Ellos fueron enviados de regreso a uno de los países más peligrosos del mundo, Honduras es conocida como "la capital mundial de asesinatos".

El Foro Social para la Deuda Externa y el Desarrollo Hondureño (FOSDEH por sus siglas en inglés) publicó un detallado reporte (Honduras, 2016) sobre los hondureños deportados y las consecuencias sociales y económicas.

En conclusión, el gobierno de los Estados Unidos de América ha creado la inestabilidad social y económica en la región Centroamericana y no puede aceptar la responsabilidad de resolver el problema de esta desastrosa situación. El caos en la Casa Blanca es reflejado en países pobres y la gente de esos países están sufriendo la avaricia del Imperio Norteamericano.

Francisco J. O'Meany

El Imperio ahora reclama que solamente criminales están siendo deportados, que ellos no están deportando a niños ciudadanos americanos, solamente están deportando a los padres y dándole sus hijos a parientes cercanos. Una vez que los parientes reciben a los niños, estos son traídos al país que sus padres fueron deportados por estos parientes, sin ningún gasto por parte del gobierno de los Estados Unidos. ¡Ingenioso! Esto es a lo que yo llamo DEPORTACIÓN-AL-SUAVE, que se traduce en "Deporta uno y auto-deporta diez".

Yo solamente rezo que los niños ciudadanos americano que están siendo deportados no crezcan con resentimiento y odio hace su propio país, esto podría ser muy peligroso para los Estados Unidos de América porque en una o dos décadas estos niños se pueden convertir en nuestros peores enemigos.

En los años 1970s y 1980s, los Estados Unidos de América crearon la Revolución en Nicaragua, la Revolución en Irán, la Contra-Revolución en Nicaragua, el escándalo Irán-Contra, la guerra civil en El Salvador, la Invasión de Panamá y la Invasión de Granada, eventos por los cuales desplazaron millones de familias de su propio territorio.

Ahora en el siglo 21 tenemos la Invasión de Afganistán, la Invasión de Iraq, la Intervención militar en Libia y la guerra en Siria que también desplazaron millones de gente inocente en esas regiones.

Yo estoy seguro que todos esos eventos fueron ejecutados "bajo la ley" y que ellos siguieron "la ley". ¿Y qué tal la "Ley de Leyes"? "Por cada acción hay una reacción igual u opuesta".

Después de todas estas acciones Imperialistas, ¿qué es lo que el gobierno de los Estados Unidos de América espera? ¿Flores? ¿Lluvia de oro? ¿Un mundo de Amor? ¡Buen Intento!

# Índice

exceso y la avaricia, 1

## A

Acción Diferida de Menores que
　Arribaron al país (conocido como
　DACA), xiii
Acta de Control de Inmigración y
　Reforma, xi
Administración Bush, 17
Administración Clinton, 16
Administración Obama, 18
Administración Trump, 19
Ajuste del Costo de Vida, 42
ávara desesperación, 44

## B

blancos en Washington, 4
Braceros, 23

## C

Centroamérica, xi
compra y venta de humanos y
　políticos, 5
confiscan el dinero, 44

## D

demasiado poder, 7
Departamento de Seguridad Nacional
　(DHS), 12
deportaciones ejecutadas, 15
Desde 1987 hasta la década de 1990, xi

## E

El 6 de noviembre de 1986, xi
El Programa de los Braceros, 22
escándalo Irán-Contra, 49
Esclavitud Moderna, 5
esclavos negros, 6
Esclavos Unidos de América, 4
Estado de Protección Temporaria, xiii

## F

fondo de Seguridad Social, xiii
forzosamente deportó, 2
Francis Scott Key, 4

## G

George W. Bush, 42
Gran Depresión, 2
guerra civil en El Salvador, 46

## H

Honduras, xi
huracanes, terremotos o epidemias, 29

## I

imperio de los Estados Unidos de
　América, 7
Imperio Romano, 7
Inmigración y Naturalización, xi
inmigrantes irlandeses, italianos y
　alemanes, 15
Inmigrantes legales e ilegales, 6
inmigrantes que están siendo
　deportados, 2
inmigrantes son culpables, 1

## J

Jamaica, xii

## M

mano de obra barata, 29
Mara Salvatrucha, 46
México, xi, xii

## N

número mágico, 29, 30
números mágicos, 38
NUNCA SERÁN PAGADOS, 43

## P

Pago a medida que va, 42
Políticas de Aprensión, Detención y
    Deportación de Inmigrantes
    Indocumentados, xii
presidente Obama, 41
primer país en el mundo sin
    inmigrantes ilegales, 39
prioridad del gobierno, 40
Procedimiento de Deportación, 30
programas temporarios, 30

proteger al pueblo americano, 15

## R

República Dominicana, xii

## S

separación familiar, 44
Soñadores, 29

## T

terroristas domésticos, 1
Thomas Jefferson, 6
todos los hombres son creados iguales,
    6
Trinidad y Tobago, xii

# Referencias

*Acta para el Control y Reforma de Inmigración 1986 (IRCA).* (9 de September de 2016). Obtenido de Official Website of the Department of Homeland Security: https://www.uscis.gov/tools/glossary/immigration-reform-and-control-act-1986-irca

DHS. (2015). *Estadísticas del DHS del Fin del Año.* Obtenido de Estadísticas del DHS del Fin del Año: https://www.dhs.gov/immigration-statistics/yearbook/2015

DHS. (5 de September de 2017). *Acción Diferida por Arribo de Niños (DACA).* Obtenido de Acción Diferida por Arribo de Niños (DACA): https://www.ice.gov/daca

*Estadísticas del DHS del Fin del Año.* (30 de December de 2016). (Department of Homeland Security) Recuperado el 15 de September de 2017, de Official website of the Department of Homeland Security: https://www.dhs.gov/news/2016/12/30/dhs-releases-end-year-fiscal-year-2016-statistics

*Estimado de la Población de Inmigrantes No-autorizados Residiendo en los Estados Unidos.* (1 de January de 2012). Obtenido de Official website of the Department of Homeland Security: https://www.dhs.gov/immigration-statistics/population-estimates/unauthorized-resident

FAIR. (1 de 10 de 2017). *¿Cuántos inmigrantes ilegales hay en Estados Unidos?* Obtenido de ¿Cuántos inmigrantes ilegales hay en Estados Unidos?: https://fairus.org/issue/illegal-immigration/how-many-illegal-immigrants-are-in-us

Honduras, D. a. (29 de 12 de 2016). *Deportado a Honduras.* Obtenido de Deportado a Honduras: http://www.fosdeh.com/wp-content/uploads/2017/02/Deportados-2017-Honduras.pdf

*Libro Anual de Estadísticas de Inmigración 2015.* (17 de May de 2017). Obtenido de Official website of the Department of Homeland Security: https://www.dhs.gov/immigration-statistics/yearbook/2015

*Número de Identificación de Contribuyente Individual.* (9 de September de 2017). Obtenido de Internal Revenue Service:

Deportaciones por Dinero

    https://www.irs.gov/individuals/individual-taxpayer-
identification-number

*Oficina de las Naciones Unidas para las Drogas y el Crimen.* (2017).
Obtenido de Oficina de las Naciones Unidas para las Drogas y
el Crimen: http://www.unodc.org/gsh/

*ONU Organización Internacional del Trabajo.* (2016). Obtenido de
U.N.    International    Labor    Organization:
http://www.un.org/en/sections/nobel-peace-
prize/international-labor-organization-ilo/index.html

*Políticas de Aprensión, Detención y Deportación de Inmigrantes
Indocumentados.* (2014). Obtenido de Políticas de Aprensión,
Detención y Deportación de Inmigrantes Indocumentados:
https://www.dhs.gov/sites/default/files/publications/14_1120_
memo_prosecutorial_discretion.pdf

Rasmussen, W. D. (September de 1951). *Una historia de la emergencia
del programa para suplir trabajo agrícola, 1943-47.* Obtenido
de Una historia de la emergencia del programa para suplir
trabajo    agrícola,    1943-47:
https://archive.org/details/historyofemergen13rasm

*Reporte de Operaciones de Deportación y Ejecución del Año Fiscal.* (5
de 12 de 2017). Obtenido de https://www.ice.gov:
https://www.ice.gov/removal-statistics/2017

Social, A. d. (1935). *Acta del Seguro Social de 1935.* Obtenido de Acta
del    Seguro    Social    de    1935:
https://www.ssa.gov/history/35actii.html

SSA. (31 de 12 de 2016). *Inversiones del Fideicomiso del Seguro
Social.* Obtenido de Inversiones del Fideicomiso del Seguro
Social: https://www.ssa.gov/oact/progdata/transactions.html

State, U. D. (15 de Noviembre de 2017). *Visas de Trabajadores
Temporarios.* Obtenido de Visas de Trabajadores Temporarios:
https://travel.state.gov/content/visas/en/employment/temporar
y.html

*Tasas de Retención del Seguro Social y Medicare.* (14 de April de
2017). Obtenido de Internal Revenue Service:
https://www.irs.gov/taxtopics/tc751.html

USCIS. (7 de 9 de 2011). *Trabajadores Temporarios (no-inmigrantes).*
Obtenido de Trabajadores Temporarios (no-inmigrantes):

Francisco J. O'Meany

https://www.uscis.gov/working-united-states/temporary-nonimmigrant-workers

USCIS. (6 de 11 de 2017). *Estado de Protección Temporaria.* Obtenido de USCIS: https://www.uscis.gov/humanitarian/temporary-protected-status

USCIS. (13 de 11 de 2017). *Solicitud de Permiso para re-solicitar Admision a Estados Unidos después de ser deportado.* Obtenido de Solicitud de Permiso para re-solicitar Admision a Estados Unidos después de ser deportado: https://www.uscis.gov/i-212